MARCO POLO

BALI

LOMBOK GILIS

MARCO POLO AUTORIN

Christina Schott

Als die Autorin 1998 zum ersten Mal durch Bali reiste, dauerte die Reise von Padang Bai auf die Gilis 14 Stunden. 2002 zog die Mitbegründerin von weltreporter.net als freie Korrespondentin nach Indonesien und ist immer noch fasziniert von der kulturellen Vielfalt und überwältigenden Natur der Inselwelt. Für dieselbe Tour auf die Gilis benötigt sie heute übrigens nur noch anderthalb Stunden.

REIN INS ERLEBEN

Mit dem digitalen Service von MARCO POLO sind Sie noch unbeschwerter unterwegs: Auf den Erlebnistouren zielsicher von A nach B navigieren oder aktuelle Infos abrufen – das und mehr ist nur noch einen Fingertipp entfernt.

Hier geht's lang zu den digitalen Extras:

http://go.marcopolo.de/bal

Touren-App

Ganz einfach orientieren und jederzeit wissen, wo genau Sie gerade sind: Die praktische App zu den Erlebnistouren sorgt dank Offline-Karte und Navigation dafür, dass Sie immer auf dem richtigen Weg sind. Außerdem zeigen Nummern alle empfohlenen Aktivitäten, Genuss-, Kultur- und Shoppingtipps entlang der Tour an.

HTTP://GO.MARCOPOLO.DE/BAL

Update-Service

Immer auf dem neuesten Stand in Ihrer Destination sein: Der Online-Update-Service bietet Ihnen nicht nur aktuelle Tipps und Termine, sondern auch Änderungen von Öffnungszeiten, Preisen oder anderen Angaben zu den Reiseführerinhalten. Einfach als PDF ausdrucken oder für Smartphone, Tablet oder E-Reader herunterladen.

SYMBOLE

- INSIDER TIPP Insider-Tipp
- ★ Highlight
- ●●●● Best of ...
- Schöne Aussicht
- Grün & fair: für ökologische oder faire Aspekte
- (*) Kostenpflichtige Telefonnummer

PREISKATEGORIEN HOTELS

€€€	über 120 Euro
€€	50–120 Euro
€	unter 50 Euro

Die Preise gelten für ein Doppelzimmer inklusive Frühstück

PREISKATEGORIEN RESTAURANTS

€€€	über 12 Euro
€€	6–12 Euro
€	unter 6 Euro

Die Preise gelten für ein Hauptgericht und ein nicht alkoholisches Getränk

GUT ZU WISSEN

Geschichtstabelle → S. 14
Spezialitäten → S. 28
Bücher & Filme → S. 62
Vulkane → S. 66
Feiertage → S. 117
Was kostet wie viel? → S. 121
Währungsrechner → S. 123
Wetter → S. 124
Indonesisch: Aussprache → S. 126

KARTEN IM BAND
(132 A1) Seitenzahlen und Koordinaten verweisen auf den Reiseatlas
(0) Ort/Adresse liegt außerhalb des Kartenausschnitts
Es sind auch die Objekte mit Koordinaten versehen, die nicht im Reiseatlas stehen
(U A1) Koordinaten für die Karte von Kuta im hinteren Umschlag

(🗺 A–B 2–3) verweist auf die herausnehmbare Faltkarte
(🗺 a–b 2–3) verweist auf die Zusatzkarten auf der Faltkarte

UMSCHLAG VORN:
Die wichtigsten Highlights

UMSCHLAG HINTEN:
Karte von Kuta und Übersichtskarte Indonesien

Die besten MARCO POLO Insider-Tipps

Von allen Insider-Tipps finden Sie hier die 15 besten

INSIDER TIPP Gourmet trifft Streetfood
Beim *Ubud Food Festival* experimentieren Indonesiens beste Köche mit traditionellen Zutaten und kreieren neue Trends → S. 117

INSIDER TIPP Cocktails auf den Felsen
Auf dem Balkon des *Single Fin* hoch über den Steilklippen von Uluwatu mit Blick auf den Sonnenuntergang Margaritas schlürfen und coole Musik hören → S. 38

INSIDER TIPP Dorfidylle in Balis Hochland
Frische Bergluft, üppige Natur und viel Ruhe können Sie in den *Puri Lumbung Cottages* im kleinen Dorf Munduk am Tamblingan-See genießen → S. 51

INSIDER TIPP Privatvilla im Fischerdorf
Ein Ferienhaus im traditionellen Java-Stil direkt am Strand von Amed: In *The Kampung* können Sie ausspannen und dabei die bunten Auslegerboote der Fischer beobachten → S. 36

INSIDER TIPP Urwald und Mangroven
Der Dschungel des Nationalparks und Balis bestes Tauchrevier liegen direkt vor der Tür des Lifestyle-Resorts *The Menjangan* → S. 57

INSIDER TIPP In Nostalgie schwelgen
Das Teehaus *Biku* in Seminyak serviert traditionellen Nachmittagstee im kolonialen Stil – klassisch englisch oder mit köstlichen Leckereien aus ganz Asien → S. 61

INSIDER TIPP Fernöstlicher Wellnesstempel
Lassen Sie sich in Seminyaks *Eastern Garden Martha Tilaar Spa* verwöhnen: traditionelle Massagen und Heilkräuterkunde kombiniert mit modernem Biothermalpool und Infrarotsauna → S. 63

INSIDER TIPP Yoga-Ferien ohne Zwang
Private Atmosphäre bietet das kleine Yoga- und Meditationszentrum *White Lotus* in Ubud, Flussrauschen und Reisfeldblick sind inklusive → S. 70

INSIDER TIPP Traumstrand zwischen Klippen

Übernachten in *Selong Belanak* (Foto li.): Sonnenauf- und -untergang tauchen das Klippenpanorama in ein bezauberndes Licht → S. 78

INSIDER TIPP Sonnenuntergang unter Palmen

Echtes Inselgefühl am Strand des ursprünglichen Resorts *Exile:* Hier gibt's Trawangans besten Blick auf den Sonnenuntergang → S. 97

INSIDER TIPP Chillen am Korallenriff

Direkt vom Strand aus schnorcheln und anschließend leckere Cocktails und frisches Seafood kosten können Sie in *Ana's Warung* auf Gili Meno → S. 94

INSIDER TIPP Abenteuer unter Wasser

Erkunden Sie vom *Pearl Beach Resort* auf Gili Asahan aus die spektakuläre Unterwasserwelt vor Lomboks wenig besuchter Halbinsel Sekotong → S. 83

INSIDER TIPP Zwischen Vulkan und Meer

In der unberührten Natur können gestresste Europäer Erholung finden und auftanken: Der *Rinjani Mountain Garden* bietet Bergidylle, ein Naturschwimmbecken und einen phantastischen Panoramablick, der vom Rinjani bis zum Pazifischen Ozean reicht → S. 84

INSIDER TIPP Mit dem Rad durchs Reisfeld

Authentisches Dorfleben, sattgrüne Reisfelder, Urwald und Plantagen voller exotischer Früchte können Sie auf den ursprünglichen, aber für Alltagsradler machbaren Touren von *Mountain Bike Lombok* erleben (Foto u.) → S. 111

INSIDER TIPP Tanzen und Musizieren wie die Balinesen

Im Studio des *Mekar Bhuana Conservatory* in Denpasar gibt es professionelle Gamelan- und Tanzkurse für Kinder und für Erwachsene → S. 115

BEST OF ...

TOLLE ORTE ZUM NULLTARIF

Neues entdecken und den Geldbeutel schonen

SPAREN

Free Flow im Nachtclub

Die *Sky Garden Lounge* in Kuta ist berühmt für Ihr günstiges All-you-can-eat-Buffet von 17 bis 21 Uhr, in dessen Pauschalpreis alle Drinks enthalten sind → S. 47

Freie Kunst in Galerien

Keine Lust auf Museum? Ohne Eintritt zu bezahlen, können Sie bei einem Streifzug durch *Ubuds Galerien* balinesische Malerei und Bildhauerkunst bewundern – dazu gibt es oft noch einen Kaffee → S. 67

Schildkröten am Strand

Das vom WWF unterstützte *Turtle Conservation and Education Center* auf Serangan ist frei zugänglich und informiert über das Rettungsprogramm für die vom Aussterben bedrohten Meeresbewohner → S. 61

Kein Tempelbesuch ohne Sarong

Tragen Sie Ihr eigenes Wickeltuch *(sarong)*, das Sie günstig auf dem Markt oder im Souvenishop erstehen, wenn Sie einen Tempel besuchen. So sparen Sie die Leihgebühr für Schärpe und Wickelrock → S. 42

Handwerksdörfer der Sasak

In Banyumulek und Sukarara können Sie in die *Werkstätten der Töpfer und Weber* gehen und den Handwerkern bei der Arbeit zusehen. Ob Sie dann etwas im Laden kaufen, bleibt Ihnen überlassen → S. 89

Tanz im Museum

Jeden Samstag um 16 Uhr üben Kindertanzgruppen aus verschiedenen Dörfern im Innenhof des *Bali Museums* in Denpasar – und Sie können ihnen zusehen → S. 43

Aufführungen beim Tempelfest

Gamelan, Tanz und Schattenspiel gehören zu jedem Tempelgeburtstag. Anstatt Tickets für eine Touristenvorführung zu kaufen, erkundigen Sie sich einfach, wo das nächste *Odalan-Fest* stattfindet (Foto) – Touristen sind willkommen, wenn sie sich gebührend verhalten → S. 116

TYPISCH BALI/LOMBOK/GILIS

Das erleben Sie nur hier

Riesenechsen und Zwerghirsche

Zwischen Bali und Lombok verläuft die Trennlinie des asiatischen und austronesischen Urkontinents, Flora und Fauna beider Erdteile haben sich hier gemischt. Die einzigartige Tier- und Pflanzenwelt können Sie – auch auf leichten Tagestouren – im *Rinjani-Nationalpark* erleben (Foto) → S. 85

In Trance getanzt

Für Europäer ungewöhnlich – und unvergesslich: bis zu hundert Männer, die sich synchron bewegen, dabei rhythmisch rufen und in Trance über glühende Kohlen laufen. Besonders eindrucksvoll sind die *Kecak*-Vorstellungen bei Sonnenuntergang auf den Klippen am *Pura Uluwatu* → S. 38

Farbenfrohe Prozessionen

Knallbunt gekleidete Frauen balancieren Früchtepyramiden auf den Köpfen, die Männer schlagen schwere Gongs: Auf Bali weiß man nie, wann man in eine Prozession gerät. Am beeindruckendsten sind die Paraden zum *Galungan-Fest* → S. 116

Zwischen Vulkanen und Korallenriffen

Das erleben Sie nur auf den Gilis – am besten auf dem kleinen Hügel auf *Gili Trawangan:* Zum Sonnenaufgang erhebt sich im Osten der Gunung Rinjani, zum Sonnenuntergang demonstriert der Gunung Agung im Westen seine Größe. Und in der Zwischenzeit können Sie die phantastischen Unterwassergebirge der Koralleninseln erkunden → S. 96

Schlemmen am Strand

Morgens früh können Sie den *Fischern in Jimbaran* zusehen, wie sie mit ihren bunten Auslegerbooten ihren Fang an Land bringen, den Sie abends in einem der vielen *warungs* gleich daneben verspeisen: Einfach darauf zeigen, dann wird das gewählte Seafood für Sie auf glühenden Kokosschalen gegrillt → S. 37, 38

Schlacht der Reispäckchen

Beim *Perang Topat,* der zum Beginn der Regenzeit im Pura Lingsar stattfindet, bewerfen sich Hindus und muslimische Sasak mit in Palmblätter gewickeltem Reis. Der sogenannte Reispäckchenkrieg ist ein großes Fest für alle, egal welcher Religion sie angehören → S. 82, 117

TYPISCH

BEST OF ...

SCHÖN, AUCH WENN ES REGNET

Aktivitäten, die Laune machen

Südseekunst in Nusa Dua

Tauchen Sie in die beeindruckende Sammlung südostasiatischer und pazifischer Kunst des *Museum Pasifika* in Nusa Dua ein, die in moderner balinesischer Architektur präsentiert wird → S. 37

Balinesische Weinprobe

Auch auf der Insel der Götter gibt es Weinberge – den daraus gekelterten Tropfen können Sie bei täglichen Weinproben bei *Cellardoor* in Kuta verkosten → S. 46

Lust auf großes Kino

Anstatt bei Regenwetter im Hotelzimmer schlecht kopierte Piraten-DVDs vom Straßenstand anzusehen, lassen Sie sich in die Sessel des *Beachwalk XXI Premiere* sinken und schauen sich die neuesten Holly- und Bollywood-Filme oder indonesische Streifen auf der Großleinwand an → S. 47

REGEN

Shopping und Dining

Das schicke Einkaufszentrum *Seminyak Village* bietet nicht nur Outlets internationaler Bade- und Surfmodemarken, sondern auch jede Menge Cafés und Beautysalons, in denen Sie Regenschauer aufs Angenehmste abwarten können → S. 63

Exotische Künste

Wie die Balinesen tanzen oder Gamelan spielen, Schnitzen, Batik oder Opfergaben (Foto) herstellen – all dies können Sie bei den kulturellen Kursen des *ARMA Museums* in Ubud erlernen → S. 67, 70

Provinzielle Bräuche

Wie die Sasak heiraten oder Dolche herstellen, erfahren Sie im *Museum Nusa Tenggara Barat:* Hier werden Geschichte, Traditionen und Bräuche der Inseln Lombok und Sumbawa erklärt, die die Provinz West-Nusa-Tenggara bilden → S. 80

ENTSPANNT ZURÜCKLEHNEN

Durchatmen, genießen und verwöhnen lassen

ENTSPANNT

● *Gepflegter Sundowner*

Wenn die untergehende Sonne das Meer orangerot färbt, ist die beste Zeit, um im schicken Strandrestaurant des *Mahamaya Boutique Resort* auf Gili Meno einen Cocktail zu ordern → S. 94

● *Orientalischer Wellnesspalast*

Gönnen Sie sich einen Tag im luxuriösen *Prana Spa* in Seminyak: Ayurvedabehandlungen, balinesischer Kräuterscrub, Reflexologie oder türkisches Dampfbad stehen zur Auswahl → S. 63

● *Ausspannen über dem Ozean*

Abseits der Touristenrouten in den Hügeln hinter Lovina liegt das luxuriöse *The Damai:* Lassen Sie sich mit Blick auf den fernen Ozean im Pool treiben und genießen Sie die köstlichen Menüs im üppigen Tropengarten des Villenresorts → S. 49

● *Yoga am Strand*

Tief ausatmen und beim Gentle Flow die schillernden Farben des Sonnenuntergangs einsaugen: *The Yoga Place* bietet täglich Sunset-Klassen am Exile-Strand auf Gili Trawangan an → S. 96

● *Chillen, Lesen, Schlemmen*

Hoch über Kuta liegt das *Ashtari,* eine Kombination aus Lounge und Restaurant: gemütliche Liegekissen, eine Bücherecke und mediterrane Leckereien laden ein, hier viele Stunden zu verbringen → S. 77

● *Ruhe im Reisfeld*

In einem Bambuspavillon mitten im Reisfeld die Beine baumeln lassen, am Wasserfall baden oder einfach die Aussicht genießen – all das können Sie in *Tetebatu* im Süden des Rinjani → S. 82

● *Meditieren im Kloster*

In mehreren Stufen zieht sich der Garten des *Brahmavihara Arama* (Foto) den Berg hinauf. Gebetshallen laden zum Meditieren ein, auch Meditationskurse werden angeboten → S. 49

AUFTAKT

ENTDECKEN SIE BALI, LOMBOK UND DIE GILIS!

Bali, Lombok oder Gilis – allein die Namen rufen Bilder von palmengesäumten Sandstränden und Korallenriffen, von Reisterrassen und mächtigen Vulkanen hervor. Surfer, Taucher und Bergsteiger finden hier ihr ***Paradies***, während die Touristenzentren alle Annehmlichkeiten vom edlen Fünf-Sterne-Restaurant bis zum orientalischen Spa bieten.

Wegen seiner einzigartigen Kultur zieht vor allem ***Bali*** Reisende aus aller Welt an: Nur an wenigen Flecken der Erde trifft so viel Naturschönheit auf eine solch anmutige Lebensart wie auf der „Insel der Götter". Im Süden der Insel rollt die für Surfer ***perfekte Brandung*** an malerische Steilklippen und weiße Sandstrände. Ein mächtiges Gebirge mit tiefen Schluchten und tosenden Wasserfällen erhebt sich in der Mitte der Insel – gekrönt vom 3148 m hohen, aktiven Vulkan Gunung Agung, dem heiligen Berg der Balinesen. Auf den steilen Berghängen erstreckt sich das üppige Grün der Reisterrassen. Im schrofferen Norden der Insel ziehen sich ***schwarze Lavasandstrände*** entlang der ruhigen Küste, die vorgelagerten Riffe bieten bunte Unterwasserwelten.

Die üppige Natur sowie die einzigartige althinduistische Kultur der Insel im Indischen Ozean ziehen seit den 1920er-Jahren Reisende aus dem Westen in ihren Bann. Und

Bild: Grasernte zwischen den Reisterrassen

tatsächlich hat sich Bali trotz Massentourismus bis heute seinen ganz eigenen Charme bewahrt. Schon am Flughafen werden Besucher vom sanften Klang der ***Gamelanmusik*** und dem Duft von Nelkenzigaretten begrüßt. Auf der Fahrt ins Hotel können Sie beobachten, wie überall am Straßenrand Frauen in Wickelröcken kunstvoll geflochtene Bastkörbchen mit Blumen und Reis arrangieren, um den Eingang ihres Hauses vor Dämonen zu schützen, während Motorräder vorbeiknattern.

Auch in den Hotels bringen die Angestellten jeden Morgen als Erstes den Hausgöttern Opfer dar: Mit umgebundener Schärpe und Blumen im Haar tragen sie Tabletts mit ***Früchten und Räucherstäbchen*** zu Steinaltären, Wegkreuzungen und Hauseingängen. Diese Gaben und ein Gebet sollen die dort wohnenden Götter und Dämonen besänftigen – und somit die Gäste vor Unheil schützen.

Diese Rituale sind keineswegs für Touristen inszeniert, sondern Teil des balinesischen Alltags. Die Prozessionen an Festtagen sind noch weit beeindruckender: Elegant gekleidete Balinesinnen balancieren zu dröhnenden Gongklängen ***kunstvoll aufgetürmte Gestecke*** aus Früchten und Blumen auf ihren Köpfen. Um der Zeremonie im Dorftempel beizuwohnen, bindet sich der Surflehrer mit Rastalocken ebenso den traditionellen Kopfschmuck um wie der Bankangestellte aus Balis Hauptstadt Denpasar. In einigen Dörfern leben die Ureinwohner Balis, die Bali Aga, sogar noch nach alten animistischen Vorstellungen.

Rituale sind fester Bestandteil des balinesichen Alltags

- **Ab 1. Jh.** Indische und chinesische Händler bringen buddhistische und hinduistische Einflüsse
- **1478** Unter dem Islam bricht das hinduistische Majapahit-Reich auf Java zusammen, der Thronfolger flüchtet nach Bali und gründet eine neue Hindudynastie
- **16. Jh.** Händler aus Sulawesi bringen den Islam nach Lombok
- **1597** Beginn der Kolonisierung durch die Holländer
- **17. Jh.** Balinesen erobern Lombok

Eines der wichtigsten Heiligtümer Balis ist der der Seegöttin geweihte Tempel im Bratan-See

Bali ist nicht nur die letzte hinduistische Provinz Indonesiens, des Lands mit der größten islamischen Bevölkerungszahl der Welt, sondern auch die ***weltoffenste Insel*** des riesigen Archipels. Fast jeder Balinese spricht etwas Englisch, und Touristen sind bei den meisten Zeremonien willkommen. Das hat gute Gründe: Nicht zuletzt wegen des Tourismus, von dem mehr als 80 Prozent der knapp 4 Mio. Balinesen leben, konnte sich die hinduistische Kultur so gut erhalten. ***Tänze, Musik und Kunsthandwerk*** dienen nicht mehr nur religiösen Zwecken, sondern auch dem Gelderwerb. Seit den 1960er-Jahren hat die Regierung diese Einkommensquelle systematisch gefördert: Damals eroberten die Hippies mit Surfbrettern und Lagerfeuern Balis Strände.

Die ersten Fremden, die hier landeten, waren Holländer. Mitte des 19. Jhs. gingen sie zur Eroberung über, doch die Balinesen leisteten erbitterten Widerstand; einige der ungleichen Schlachten endeten mit dem rituellen Selbstmord ganzer Königshöfe. Die holländischen Kolonialherren wurden im Zweiten Weltkrieg von den Japanern vertrieben. 1949 schloss sich Bali der Republik Indonesien an, Lombok folgte ein Jahr später.

1846/94 Beginn der holländischen Besetzung von Bali und Lombok

1906/08 *Puputan* (ritueller Massenselbstmord) balinesischer Fürstenhöfe, um nicht kolonisiert zu werden

1942–45 Japan besetzt Indonesien

17. Aug. 1945 Unabhängigkeitserklärung Indonesiens

1945–48 Unabhängigkeitskrieg gegen die Holländer

1955 Erste freie Wahlen, Sukarno wird Präsident

Der erste indonesische Präsident Sukarno stand vor der schwierigen Aufgabe, die mehr als 17 000 Inseln des Indonesischen Archipels mit verschiedenen Sprachen, Religionen und Kulturen zu einem demokratischen Staat zu formen. Der Versuch endete, als 1965 das Militär unter General Suharto die Macht übernahm, nachdem es einen angeblichen Putsch der kommunistischen Partei verhindert hatte. Als es 1998 zu Protesten kam, musste Suharto zurücktreten. Mehrere Regierungschefs haben sich seither bemüht, den ***Demokratisierungsprozess*** im größten Land Südostasiens voranzutreiben, das nach wie vor von Korruption geplagt ist.

Aufgrund ihrer kulturellen Sonderstellung fühlen sich die Balinesen oft nicht von der nationalen Politik berührt. Als jedoch 2002 und 2005 islamistische Selbstmordattentäter Bomben vor Nachtclubs und Touristenlokalen zündeten, war die ganze Nation geschockt. Nach dem ersten Schrecken taten die Balinesen alles, um das Vertrauen ihrer Gäste wiederzugewinnen. Die Sicherheitsmaßnahmen wurden vervielfacht, die Veranstalter reagierten mit neuen Angeboten: ***Ökotourismus*** für umweltbewusste Individualreisende sowie Luxusurlaub in abgeschiedenen Villenanlagen. Dadurch entstand im vergangenen Jahrzehnt eine ***neue Szene***, und Bali wurde zu einem Zentrum für Spas, Meditation und Yoga. Überall boomt inzwischen der Markt für Biolebensmittel, Wellnessangebote und Yoga-Retreats.

Bali wurde zu einem Zentrum für Spas, Meditation und Yoga

Auf der muslimisch geprägten Nachbarinsel ***Lombok*** kamen diese Strömungen verzögert an. Das Eiland im Osten Balis wurde erst in den 1980er-Jahren für den Tourismus entdeckt und besitzt nur an der Westküste eine ***gute touristische Infrastruktur***. Seit 2011 ein neuer internationaler Flughafen eröffnet wurde, hat der Bauboom allerdings auch die Südküste erreicht und die Zahl der Hotels, Restaurants und Touranbieter nimmt rasant zu. Nach wie vor sind aber vor allem die drei nordwestlich vorgelagerten ***Gilis*** die Hauptattraktion: Hier tummeln sich Strandurlauber und Taucher aus aller Welt. Ob Familienurlaub auf Gili Air, Robinsonade auf Gili Meno oder Partytrip auf Gili Trawangan – auf den einst unbewohnten Koralleninseln ist alles möglich. Zahlreiche Schnellboote bringen die Gäste direkt von Bali auf die autofreien Inselchen, die rundherum von weißen Sandstränden umgeben sind und eine faszinierende

1965 Das Militär verhindert einen angeblichen Putsch, Massaker an rund 1 Mio. Kommunisten

1966 General Suharto übernimmt die Regierung; Bali wird Tourismusziel

1998 Nach schweren Unruhen tritt Suharto zurück; Wirtschaftskrise

2002 und 2005 Bei Bombenanschlägen in Kuta und Jimbaran sterben 228 Menschen

2011 Eröffnung des internationalen Flughafens auf Lombok

Unterwasserwelt bieten. Mindestens so reizvoll sind die kleineren Gili-Inseln an der Nordküste der Halbinsel Sekotong im Südwesten Lomboks, auf denen immer mehr Unterkünfte ihre Türen öffnen.

Auf Lombok selbst lebt der Großteil der Bevölkerung noch von Landwirtschaft und Fischerei. Und genau das macht auch den ***Charme der Insel*** aus: Sie ist ursprünglicher, natürlicher, abenteuerlicher als die Schwesterinsel Bali. Wer gern auf Entdeckungs-

Die Sasak, Lomboks größte Bevölkerungsgruppe, gehören dem muslimischen Glauben an

tour geht, ist hier richtig. Es gibt nur wenige alte Kulturstätten – die meisten stammen aus der Zeit der balinesischen Besetzung im 18. und 19. Jh. –, dafür ***ruhige Strände und üppige Korallenriffe***. Im Norden erhebt sich das atemberaubende Bergmassiv des Rinjani, das mehr als die Hälfte der Insel bedeckt. Der schwierige, mehrtägige Aufstieg zum Gipfel des zweithöchsten Vulkans Indonesiens (3726 m) wird mit einem unvergleichlichen Panorama belohnt.

Ruhige Strände und üppige Korallenriffe

Im trockenen Süden und Osten der Insel werden die Straßen holperig und Hotels sind nach wie vor rar. Hier führten die Sasak, ***Lomboks Ureinwohner***, lange ein karges und sehr traditionelles Leben. Die Eröffnung des internationalen Flughafens nur wenige Kilometer von Kuta entfernt führte jedoch zu einer stärkeren Entwicklung des Tourismus um das Fischerdorf herum. Im streng muslimischen Westen allerdings können Rucksackreisende, Surfer und Taucher weiterhin einsame Buchten und weiße Traumstrände finden.

IM TREND

1 Auf Trampelpfaden

Trekking Echte Einblicke in die Natur und Kultur Balis bieten die Touren von *JED (Jl. Kayu Jati 9 | Seminyak | www.jed.or.id)*. Die NGO engagiert Locals, die Besuchern „ihre" Insel zeigen. Dadurch werden Traditionen und gewachsene Strukturen geschützt. Wer *Trekkingguide Pica (www.zukunft-fuer-kinder.ch)* in die Bergregion Muntigunung folgt, erhält nicht nur einen Insiderblick, sondern unterstützt auch benachteiligte Balinesen. Viele Tourguides sind ehemalige Bettler.

Fashionable 2

Mode Folklore mal anders: Immer mehr einheimische und internationale Modedesigner verwandeln traditionell hergestellte Materialien in Haute Couture. *Dwi Iskandar (www.dwi-iskandar.com)* verarbeitet Batik-, Songket- und Tenun-Stoffe in seinen Kreationen, *Bintang Mira (www.bintangmira.com)* nutzt traditionelle Web- und Drucktechniken für ihre luftigen Kleider. Das italienische Designer-Duo *Quarzia (Jl. Dewi Sita 7 | Ubud und Jl. Oberoi 3A | Seminyak | www.quarzia.it)* lässt seine edle Batik eigens in Ubud herstellen.

3 Atemlos

Aktiv Unterwasser-Yoga ist ein neuer Trend auf Bali. Anfänger üben zunächst im Pool, Fortgeschrittene im Ozean: Taucher sollen so einen neuen meditativen Fokus und die Beweglichkeit ihres Körpers erfahren, während sich Yogis die Schönheit und Schwerelosigkeit der Unterwasserwelt eröffnet. Spezielle Tauchermasken ermöglichen das kontrollierte Atmen durch Nase und Mund. Kurse für alle Level bietet die Tauchschule des *Zen Resorts (www.zenharmonydiving.com)* in Seririt und Candidasa.

Auf Bali, Lombok und den Gilis gibt es viel Neues zu entdecken. Das Spannendste auf diesen Seiten

Bambusbauten

4

Architektur Wie aus einem Märchen erscheinen die spektakulär geschwungenen Bambuspaläste, die das Architektenteam von *Ibuku (ibuku.com)* an verschiedenen Orten auf Bali geschaffen haben, z. B. die internationale *Green School* oder die private Dschungelvilla *Sharma Springs*. In bester Tradition übrigens, denn balinesiche Handwerker errichten seit Jahrhunderten aus Bambus, einem Baumaterial mit schier unglaublicher Formbarkeit, Kunstwerke für zeremonielle Zwecke. Inzwischen ahmen Villenbesitzer und Gastronomen überall auf Bali und den benachbarten Inseln die luftigen Bauwerke nach, wenn diese in der Regel auch mehrere Nummern kleiner ausfallen als das fünfstöckige Luxus-Feriendomizil *Bamboo Palace (short.travel/bal14)* bei Ubud.

Upcycling

5

Einkaufen Müll und Tourismus vertragen sich nicht so gut, kreatives Recycling dagegen bringt sogar Geld: Mittlerweile gibt es auf Bali immer mehr Recyclingfirmen, die wiederverwertbaren Müll direkt beim Verbraucher abholen und daraus kunstvolle Produkte herstellen. *Upcycle (Jl. Basangkasa 75)* in Seminyak verkauft von Dorffrauen hergestellte Taschen und Accessoires aus ehemaligen Verpackungen, Schildern oder Reifen. *Lovelife Bali* verwandelt alte Flaschen in coole Trinkgläser, schicke Vasen oder ausgefallene Lampen. Diese können Sie im *Ego Shop (@SIKA Gallery | Jl. Raya Sanggingan 88x | Ubud)* erstehen. *The People's Movement (thepeoplesmovement.com)* produziert Schuhe und Accessoires aus Plastiktüten, die an Balis Stränden angeschwemmt wurden.

FAKTEN, MENSCHEN & NEWS

BALI-SPIRIT

Die feinsinnige Kultur und spirituelle Lebensweise der Balinesen verleitet viele Besucher zum Selbstfindungstrip. Und die Tourismusindustrie reagiert darauf mit Spa-Zentren, Yogakursen und Raw-Food-Restaurants. Spätestens seit Julia Roberts hier den Film „Eat Pray Love" drehte, wurde Ubud zum Wallfahrtsort für Esoteriker. Mittlerweile pilgern Tausende zum jährlichen Bali Spirit Festival. Die Preise sind oft ebenso abgehoben wie die Angebote: ekstatischer Tanz und *Kirtan*-Singen, Chakra-Balancing und Sound-Healing.

DORFLEBEN

Die meisten Balinesen leben in dörflichen Gemeinschaften, in denen jeder bestimmte Pflichten zu erfüllen hat, aber wenn nötig auch Hilfe erhält. Das Zusammenleben bis hin zu sozialrechtlichen Fragen ist durch das traditionelle Gewohnheitsrecht *(adat)* geregelt. Über alle wichtigen Belange entscheidet eine Volksversammlung *(banjar),* der alle verheirateten Männer angehören. Auch im Aufbau des Dorfs *(desa)* spiegelt sich dieser Gemeinschaftssinn wider: Im Zentrum findet sich ein Platz *(alun-alun)* mit einem großen Banyanbaum, der als heilig gilt. Darum herum gruppieren sich die Versammlungshalle und der Dorftempel, oft auch ein Musikpavillon und eine Hahnenkampfarena. Den Mittelpunkt des Alltagslebens bildet der Markt *(pasar)*. Die gewählten Anführer dieser traditionellen Dorfgemeinschaf-

 Bild: Gongspielerin eines Gamelanorchesters

Das Leben auf Bali, Lombok und den Gilis wird von Religionen, alten Traditionen und natürlichen Einflüssen bestimmt

ten haben auch auf Provinzebene großen Einfluss.

DRACHEN

Wenn die Balinesen Drachen steigen lassen, dann hat das wie fast alles eine spirituelle Bedeutung: Angeblich vergnügte der Gott Indra sich einst mit diesem Spiel. Das halbe Dorf ist in den Bau der bis zu 8 m langen Drachen mit bis zu 12 m langen Schwänzen involviert. Beim jährlichen Drachenfestival in Sanur (Juli/August) treten rund 1500 Dörfer gegeneinander an. Begleitet von einem Priester und Gamelanmusik ziehen bis zu ein Dutzend Männer ein Kunstwerk in die Luft.

FEUERBESTATTUNG

Die Balinesen glauben, dass die Seele erst nach der Zerstörung ihrer körperlichen Hülle frei ist. Für die aufwendige Feuerbestattung werden riesige Verbrennungstürme in Tiergestalt (z. B. Stier, Drache) gebaut. Da die Bestattung viel Geld kostet, bleiben viele Tote zunächst jahrelang begraben und spuken angeblich auf dem Friedhof, bis ihre Familie das nötige Geld gespart hat, um die teure Zeremonie bezahlen zu können. Ärmere Familien tun sich oft zu Massenbestattungen zusammen. Die prächtigen Prozessionen und spektakulären Verbrennungen gelten als Touristenattraktion.

was die Balinesen nicht daran hindert, illegale Wettkämpfe abzuhalten. Die Hähne werden einzeln in glockenförmigen Körben gehalten und von ihren Besitzern sorgfältig gepflegt und trainiert. Zum Kampf bekommen sie eine scharfe Klinge an den Fuß gebunden. Das blutige Spektakel dauert meist nur wenige Sekunden. In vorhinduistischer Zeit sollten mit diesem Ritual böse Dämonen besänftigt werden.

Trotz des Hinduismus werden auf Bali noch viele animistische Rituale gepflegt

GAMELAN

Ein Gamelanorchester besteht aus mindestens 30 Musikern und mehr als 70 Instrumenten: vor allem Gongs, Klangstäben und Metallofonen, begleitet von Flöten oder Saiteninstrumenten. Es gibt weder eine Melodie noch Solis, die Musik dient als Untermalung von Tänzen oder Schattenspiel. Wegen der ungewohnten Tonalität und dem häufig wechselnden Rhythmus für westliche Ohren anfangs gewöhnungsbedürftig.

HAHNENKAMPF

Seit 1982 sind Hahnenkämpfe nur noch zu „rituellen Zwecken“ erlaubt,

HINDUISMUS

Bevor die Javaner den Hinduismus auf ihre Insel brachten, praktizierten die Balinesen animistische Geisterkulte und glaubten an eine beseelte Natur. Elemente davon finden sich noch heute im balinesischen Hindu-Dharma-Glauben. Demnach wohnen die Götter auf den Bergen, während im Meer die Dämonen hausen. Nicht nur in Tempeln, sondern überall auf der Straße und in Häusern bringen die Balinesen Göttern wie Dämonen mehrmals täglich Opfergaben dar. Die oberste Gottheit der balinesischen Hindus ist Sanghyang Widhi, in der die drei Hauptgötter Brahma, Wishnu und Shiva gemeinsam verkörpert sind. Flüsse, Wälder und andere Orte werden von zahlreichen kleineren Gottheiten und Dämonen bevölkert.

ISLAM

Fast 90 Prozent aller Indonesier gehören dem Islam an. Während auf Bali nur zehn Prozent Moslems leben, sind auf Lombok und den Gilis 95 Prozent der Bevölkerung muslimisch. Wie in vielen Teilen des Lands mischt sich der Islam in West- und Zentrallombok mit lokalen Traditionen. Ein Schluck Palmschnaps gilt hier nicht als Sünde. Im streng islamischen Osten der Insel dagegen ist selbst der Biergenuss verboten. Viele Sasak in Lomboks Norden hängen dem *Wetu-Telu*-Glauben („Drei Elemente") an, in dem sich der Islam mit animistischen und hinduistischen Elementen mischt. Wetu-Telu-Anhänger beten nur dreimal täglich und fasten lediglich drei Tage. Wegen Verfolgungen in der Vergangenheit bekennen sich nur wenige offen zu ihrem Glauben.

KASTENSYSTEM

Das Kastensystem ist für Balinesen immer noch wichtig. Erkennbar ist dies an den Namen: *Ida Bagus* und *Ida Ayu* heißen die am höchsten stehenden Brahmanen (Priester), *Tjokorda* oder *Anak Agung* die Ksatria (Krieger und Adlige). Angehörige der Wesya-Kaste (Händler) nennen sich *Gusti*. 90 Prozent der Balinesen gehören zu den *Sudra* (Bauern). Diese „nummerieren" ihre Kinder: Das Erstgeborene heißt Wayan oder Putu, das zweite Kind Made oder Kadek, das dritte Nyoman oder Komang und das vierte Ketut. Beim fünften Kind wird die Zählung von vorn begonnen. Zur Unterscheidung steht bei Männern *I*, bei Frauen *Ni* vor dem Namen.

KRETEK

Wer nach Indonesien reist, wird schon am Flughafen vom süßlichen Geruch der *kretek*-Zigaretten begrüßt. 1880 mischte der Javaner Haji Jamahri Gewürznelken mit Tabak, um sein Asthma zu lindern: Nelken gelten als Hausmittel gegen Schmerzen. Daraus entstand eine der größten Industrien Indonesiens. 95 Prozent des weltweiten Angebots an Gewürznelken wird für die Herstellung von *kretek* verwendet.

KUTA-COWBOYS

Sonnenverbrannte Körper, lange Haare und ein charmantes Grinsen sind ihre Markenzeichen: Die Beachboys auf Bali sind allzeit bereit, Touristinnen behilflich zu sein. Dabei lassen sich viele gern als Begleiter auf Zeit aushalten – oft in der Hoffnung auf eine längere Beziehung, die ihnen auch finanzielle Vorteile bringt. Der Dokumentarfilm „Cowboys in Paradise" von 2010 schildert detailliert die Hintergründe dieses indirekten Sextourismus – sehr zum Ärger der balinesischen Offiziellen. Obwohl die meisten Beachboys harmlose Aufschneider sind, sollte frau sich in Acht nehmen.

MALEREI

Vor der Kolonisierung zeigten Gemälde auf Bali ausschließlich hinduistische Mythen. Der sogenannte *Wayang*-Stil kannte keine Perspektive, Farben dienten nur zum Ausfüllen. Im Dorf Kemasan bei Klungkung entstehen bis heute solche Bilder. In den 1920er-Jahren gründeten der Deutsche Walter Spies und der Holländer Rudolf Bonnet mithilfe des Fürsten Cokorda Gede Agung Sukawati in Ubud die Malschule „Pita

Maha". Während die Europäer moderne Materialien und Techniken einführten, erlernten sie zugleich die traditionelle Kunst der Balinesen. In den 1960er-Jahren rief der Holländer Arie Smit die „Young Artists"-Malschule in Penestanan bei Ubud ins Leben. Dort werden Szenen des täglichen Lebens in kontrastreichen Farben festgehalten.

PANCASILA

Das Sanskritwort *pancasila* bedeutet „fünf Prinzipien" und gilt seit der Unabhängigkeitserklärung als Grundlage des indonesischen Staats, dargestellt im Landeswappen über dem Motto „Einheit in Vielfalt": Der Stern steht für den Glauben an einen obersten Gott (egal welcher Religion), die Kette für Humanität. Der Banyanbaum symbolisiert die nationale Einheit, der Büffelkopf die Demokratie. Reis- und Baumwollpflanzen bedeuten soziale Gerechtigkeit. In der Vergangenheit sorgte vor allem die unterschiedliche Interpretation des Religionsprinzips immer wieder für politische Probleme.

PERMAKULTUR

Umweltfreundliche Landwirtschaft, die den natürlichen Kreisläufen und sozialen Strukturen folgt, verbunden mit einer nachhaltigen Energie- und Wasserversorgung: Die Prinzipien der Permakultur entwickelten in den 1970er-Jahren zwei Australier als Gegenkonzept zur industriellen Landwirtschaft. Die ersten Permakulturfarmen auf Bali entstanden bereits in den 1980er-Jahren, ihren wirtschaftlichen Durchbruch erzielte die organische Landwirtschaft auf der Insel jedoch erst mit dem Bioboom im vergangenen Jahrzehnt.

REISANBAU

In ganz Indonesien ist Reis das Hauptnahrungsmittel. Für die Balinesen jedoch ist er nicht einfach nur eine Pflanze, sondern ein Symbol für die Fruchtbarkeitsgöttin Dewi Sri, die in Schreinen auf den Feldern verehrt wird. Die Reisfelder werden mittels eines komplizierten Kanalsystems bewässert, das von der jeweiligen Bauernkooperative *(subak)* streng überwacht wird. Dieses demokratische, naturverbundene Anbausystem wurde 2012 von der Unesco als Weltkulturerbe anerkannt. Der Reisanbau ist Männersache, bei der Ernte (dreimal im Jahr) hilft die gesamte Familie. Auf Bali ziehen sich die malerischen Reisterrassen bis auf mehr als 1000 m die fruchtbaren Vulkanhänge hinauf.

TANZ

Auf Bali wird zu fast jedem Anlass getanzt – ob bei Tempelfesten, Familienzeremonien oder einfach zur Unterhaltung. Die meisten Tänze handeln von Figuren der hinduistischen Epen *Ramayana* oder *Mahabharata*. Die prachtvoll geschmückten Tänzer halten immer Kontakt mit der Erde, jedes Fingerspreizen oder Augenrollen hat eine Bedeutung. Für Touristen werden Kurzversionen der berühmtesten Tänze aufgeführt: Der *barong* handelt vom Kampf eines Fabelwesens mit der bösen Hexe Rangda. Der anmutige *legong* wird von Mädchen vor ihrer ersten Menstruation getanzt. Beim *kecak* sitzen rund hundert Männer auf dem Boden und bewegen sich synchron, während sie „Cak-ke-cak-ke-cak" rufen. Die heute populäre *Kecak*-Version choreografierte der deutsche Maler Walter Spies 1933 für den Film „Insel der Dämonen".

TEMPEL

Balinesische Tempel sind ummauerte, nach oben offene Areale, der Himmel gilt als Dach. Den Eingang bildet meist ein gespaltenes Tor, das von steinernen Dämonen bewacht wird. Das Tempelinnere besteht aus drei Höfen, von denen der dritte und heiligste den Bergen zugewandt ist. Hier finden sich die heiligen Schreine mit bis zu elfstufigen Dächern. Jedes Dorf hat drei Tempel: Der *pura puseh* (Ursprungstempel) ist dem Schöpfergott Brahma geweiht. Der *pura desa* (Dorftempel) steht unter dem Schutz Wishnus, des Bewahrers, und ist Mittelpunkt des gesellschaftlichen Lebens. Am seltensten wird der *pura dalem* (Totentempel) aufgesucht, der Shiva, dem Gott der Zerstörung, geweiht ist. Der wichtigste Tempel auf Bali ist der Pura Besakih auf dem Gunung Agung. Er gehört zu den sechs heiligsten Tempeln, den *sad kahyangan*, auch „Große Staatstempel" oder „Tempel der Welt" genannt, die an bedeutenden Stellen erbaut sind. Außer dem Pura Besakih sind dies Pura Lempuyang Luhur, Pura Goa Lawah, Pura Luhur Uluwatu, Pura Luhur Batukaru und Pura Pusering Jagat.

WAYANG KULIT

Das Spiel mit den Schattenpuppen kannten die Indonesier schon, bevor der Hinduismus das Inselreich eroberte: Die Schatten sollten mit den Geistern verstorbener Ahnen Kontakt aufnehmen. Ein Puppenspieler *(dalang)* sitzt mit einer Öllampe vor der Leinwand und lässt die kunstvoll aus Büffelhaut gestanzten Figuren an Bambusstäben tanzen. In eingängigem Singsang erzählt er Episoden aus den Epen *Ramayana* und *Mahabharata*. Hinter ihm spielt das Gamelan. Eine Vorstellung kann die ganze Nacht dauern, die Zuschauer kommen und gehen, essen und reden dabei, wie es ihnen gefällt. Für Touristen gibt es oft gekürzte, englischsprachige Versionen.

In Balis Künstlerateliers entstehen auch farbenfrohe naive Bilder

ESSEN & TRINKEN

Scharfe Kokosnusscurrys, zarte Fleischspießchen, knuspriges Geflügel und raffinierte Fischgerichte – die Küche auf Bali und Lombok ist feurig und abwechslungsreich. Dazu gibt es immer Reis, ohne den eine Mahlzeit nicht vollständig wäre: Denn wer keinen Reis gegessen hat, der kann gar nicht satt sein, meinen die Indonesier.

Jeden Morgen kochen die Frauen Reis und mehrere Gerichte für die Familie. Eine ***gemeinsame Esskultur*** gibt es im indonesischen Alltag nicht, jeder isst, wenn er Hunger hat. Das Essen ist daher in der Regel lauwarm bis kalt – und wird auch in vielen Restaurants so serviert. Man isst mit der Hand oder mit Löffel und Gabel. Stäbchen gibt es nur bei chinesischen Gerichten wie *mie bakso* (Nudelsuppe mit Fleischklößchen) oder *cap cay* (in Sojasauce gedünstetem Gemüse).

Anders sieht es an Festtagen aus: Bei balinesischen Zeremonien übernehmen die Männer die Zubereitung der ***rituellen Speisen*** vom Schlachten der Enten und Schweine bis zum Stampfen der Gewürzpasten. Die Vorbereitungen dauern oft tagelang, das Kochen und Essen wird zum Gemeinschaftserlebnis.

Die ***Gewürzpasten*** geben jedem Gericht seine besondere Note. Die verschiedenen Zutaten werden in einem Steintrog zerstampft und meist kurz angebraten. Unentbehrlich sind Ingwer, Kurkuma, Galgant und Koriander. Zitronengras, Limetten, Salamblätter und Tamarinde verleihen der Gewürzmischung Frische, Palmzucker und Kemiri-Nüsse eine ge-

Bild: Hühnchen-Sate-Spieße mit Erdnusssauce und Reis

Kurkuma, Kokos, Zitronengras – die Küche auf Bali, Lombok und den Gilis ist vielfältig und vor allem eines: immer frisch

wisse Süße. Garnelenpaste und Chili geben dem Ganzen Schärfe.
Die meisten Restaurants, die in der Regel keinen Ruhetag kennen, haben sich dem allgemeinen Touristengeschmack angepasst und servieren neben Pizza, Steak und Sushi vor allem abgemilderte Varianten der **indonesischen Nationalgerichte** *nasi goreng* (gebratener Reis), *mie goreng* (gebratene Nudeln), *gado-gado* (Gemüsesalat mit Erdnusssauce) oder *soto ayam* (Hühnersuppe mit Zitronengras und Kurkuma). Dazu gibt es meist *sate* (Fleischspießchen) oder gebratene *tempe* (salzigen Hefekuchen aus Sojasprossen), *sambal* (Chilidip) und *krupuk* (Chips aus Krabbenmehl).
Authentischer und oft deutlich günstiger ist das Essen bei den *kaki lima* (fahrenden Garküchen) oder in den *warungs* (Straßenrestaurants). Im Gegensatz zu regulären Restaurants, die meist nach zehn Uhr abends keine Bestellungen mehr annehmen, sind diese **zu jeder Tages- und Nachtzeit** zu finden. Hier sollte man allerdings nur verzehren, was frisch

SPEZIALITÄTEN

ayam goreng – gebratenes Huhn
ayam taliwang – knusprig gebratene oder gegrillte Stubenküken mit sehr scharfer Chilisauce, aus Lombok
babi guling – mit Gewürzpaste gefülltes Spanferkel, gegrillt am offenen Feuer, balinesisches Festtagsessen
balung nangka – geschmorte Schweinerippen mit gekochter Jackfrucht
bebek betutu – mit Gewürzpaste gefüllte Ente, die stundenlang in Bananenblättern gegart wird, bis sie ganz zart ist, balinesisches Festtagsessen
brem – Schnaps aus Saft der Arenpalme
bubuh injin/bubur ketan hitam – Pudding aus schwarzem Klebreis
ceramcam – klare Suppe mit junger Papaya und Fisch, Huhn oder Schwein
gado-gado – Gemüsesalat mit Ei und Tofu in Erdnusssauce
keupat cantok – in Päckchen aus geflochtenen Palmblättern gegarter Reis, mit Gemüse und Erdnusssauce
kue lak-lak – kleine, runde Reismehlkuchen mit Palmzucker und Kokosraspeln
lawar – Gericht aus Hackfleisch mit Gewürzpaste, Jackfrucht, junger Papaya, langen Bohnen und Kokosnuss
lontong – in Bananenblättern gekochter Reis
mie goreng – gebratene Nudeln, meist mit Ei und Gurke serviert (Foto li.)
nasi goreng – gebratener Reis, meist mit einem Ei, Krupuk und ewas Salat serviert (Foto re.)
nasi kuning – mit Kurkuma in Kokosmilch gekochter gelber Festtagsreis
nasi rames – Reisteller mit verschiedenen Spezialitäten zum Probieren
pelecing kangkung – Wasserspinat mit Sojasprossen und scharfer Chili-Tomaten-Sauce
pelecingan – Huhn oder Fisch in sehr scharfer Chilipaste gebraten oder gedünstet, beliebt in Lombok
pepesan ikan – Fisch mit Gewürzen im Bananenblatt gedämpft
sate ayam/babi/kambing – Grillspießchen aus Huhn, Schwein oder Ziege, mit Erdnuss- oder Sojasauce serviert
sate lilit – gehackter Fisch oder Meeresfrüchte, mit Kokosnuss und Gewürzen vermischt an Bambusspießchen gegrillt
tuak – Wein aus Saft der Arenpalme
urap-urap – Gemüsesalat mit Dressing aus Kokosraspeln, roten Zwiebeln, Knoblauch, Salz und Chili

gekocht, gebraten oder gegrillt ist. Auf Gerichte, die schon länger offen herumstehen, sollten Sie verzichten – genauso wie auf unabgekochtes Wasser, Eiswürfel und geschnittenes Obst (in besseren Restaurants kann man sich aber ruhig auch an Eis und Früchte heranwagen). Als Faustregel gilt: In *warungs*, in denen viel los ist, ist auch das Essen gut.

Nachdem die neueren Spitzenrestaurants die **traditionelle Küche** stark aufgewertet haben, setzen auch viele *rumah makan* (einfache Lokale) wieder mehr lokale Spezialitäten auf die Speisekarte. **Aufwendige Festtagsgerichte** wie *babi guling* (Spanferkel) oder *bebek betutu* (gedämpfte Ente) werden meist nur nach Vorbestellung angeboten.

Desserts sind eher unüblich. Es gibt aber eine Vielfalt an Kuchen und Puddings aus Kokosnuss oder Klebreis. Ein beliebter Snack sind *pisang goreng* (in Teig gebratene Bananen). Überwältigend ist die **Vielzahl der Früchte**: Es gibt süße Mangos und Papayas, rothaarige Rambutans, duftende Mangostinos und schlangenhäutige Salaks, die riesige Jackfrucht, säuerliche Sirsaks und die – nach Meinung der Indonesier – Königin aller Früchte: die stachelige Durian, deren käsiger Geruch allein manchem Touristen den Magen umdreht.

Dazu gibt es Tee oder Kaffee, der wie Mokka in der Tasse aufgegossen wird. Wer ihn nicht anders bestellt, erhält ihn zuckersüß – und wer Milch ordert, sollte sagen, dass er keine klebrig-süße Dosenmilch *(susu kental)* will. Inzwischen brauen allerdings viele Cafés auch Caffè Latte und Co., während einfache Hotels zum Frühstück immer noch Nescafé servieren. Ein Highlight sind die **Obstsäfte**: Mit gecrushtem Eis und einem Schuss Milch oder Limettensaft püriert werden Ananas, Melone, Guave und Avocado zum Erlebnis. Bier gibt es fast überall, empfehlenswert ist das nach deutschen und englischen Rezepten auf Bali gebraute **Storm Beer**. Weinliebhaber müssen etwas tiefer in die Tasche greifen, am günstigsten sind die auf Bali gekelterten *Hatten*-Weine. Im Gegensatz zum muslimischen Lombok gibt es auf Bali ein breites Angebot an stärkeren Geistern – von **selbst gebrannten Likören** bis zum scharfen *arak* (Reisschnaps). Aber Achtung: Nehmen Sie sich in Acht vor selbst gebrannten Schnäpsen! Wegen gepanschten Alkohols gab es bereits mehrere Fälle von schweren Methanolvergiftungen bei Touristen auf Bali und Lombok.

Exotische Früchte werden zu erfrischenden Drinks verarbeitet

Sollte bei all dem ungewohnten Essen doch einmal der Magen rebellieren, empfiehlt sich eine *kelapa muda* (junge Kokosnuss): Deren **erfrischendes Fruchtwasser** gilt als Heilmittel.

Online-Restaurant-Guides für Bali: *www.balieats.com, balifoodandfun.com, www.bali-indonesia.com/dining.*

EINKAUFEN

Bali ist ein Einkaufsparadies. Ob modern oder klassisch – Kleidung, Kunsthandwerk und Schmuck gibt es in jeder Preisklasse. Indonesier kommen aus dem ganzen Land zum Kunsthandwerksmarkt von Sukawati, 20 km nördlich von Sanur. Hier wird Nützliches und Dekoratives aus Bali, Lombok und Java angeboten – preiswerter als in den meisten Läden. Lombok ist für Webstoffe und Keramik bekannt. Am günstigsten kaufen Sie an den Herstellungsorten oder auf Märkten, dort müssen Sie allerdings handeln. Als Faustregel gilt: mindestens 50 Prozent vom Ausgangspreis abziehen. Wer größere Einkäufe plant, sollte früh aufstehen: Weil die Verkäufer glauben, dass der Erfolg eines Tags vom ersten Handel abhängt, bieten sie oft einen günstigeren Morgenpreis. Die Läden in Touristenorten haben meist Fixpreise, sind aber teurer. Vorsicht bei Antiquitäten – wenige sind wirklich alt. Wer Möbel oder Skulpturen erwirbt, kann diese von professionellen Unternehmen verschiffen lassen (Minimum ist ein Kubikmeter).

HOLZSCHNITZEREI

Ob mythische Figuren, Masken, stilisiertes Obst oder ganze Türrahmen: Die Balinesen schnitzen beinahe alles – auf Bestellung auch „typische“ Souvenirs anderer Länder (z. B. Indianerfiguren). Echte Kunst beweisen die Holzschnitzer im Dorf Mas bei Ubud.

KORBWAREN

Körbe, Schachteln, Taschen und Untersetzer aus Bambus, Palmblättern oder Rattan sind perfekte Mitbringsel: vielfältig zu verwenden und leicht. Die meisten dieser Waren stammen aus Belaka, Loyok und Suranadi auf Lombok.

KRIS

Diese kunstvoll verzierten Dolche sollen spirituelle Kräfte haben. Sie sind wichtige Utensilien bei Tänzen und Zeremonien und bedeutend für den Status eines Mannes, der ihn vom Vater erbt. Edle *kris* gibt es in besseren Antiquitätenläden, billige Versionen im Silberschmiededorf Celuk bei Ubud zu kaufen.

SCHMUCK

Auf Bali gibt es gute Silber- und Goldschmiede. Am bekanntesten ist das Dorf Celuk bei Ubud, das leider von Touristen-

Bunte Stoffe, Schattenpuppen, Korbwaren oder Perlenketten – auf Bali, Lombok und den Gilis können Sie in Souvenirs schwelgen

bussen überrollt wird. Aus Lombok stammen INSIDER TIPP wunderschöne champagnerfarbene Perlen, gezüchtet werden aber auch schwarz schimmernde und rosafarbene Perlen, die aus Tahiti beziehungsweise China eingeführt wurden. Bunte Halbedelsteine stammen dagegen meist aus Kalimantan. Wer gute Qualität will, sollte nicht am Strand, sondern in empfohlenen Läden einkaufen.

STOFFE

Klassische Batikstoffe stammen fast alle aus Java, die Balinesen haben jedoch die Technik adaptiert und kreieren eigene Motive. Gute Qualität zeigt sich am gleich stark ausgeprägten Muster auf beiden Seiten des Stoffs. Typisch für Bali und Lombok sind die *Ikat*-Webstoffe – je nach Muster kann ihre Herstellung Wochen oder Monate dauern. Hier sollte man beim Kauf auf die Farbqualität achten. Eine Besonderheit sind die *Geringsing*-Stoffe aus dem Bali-Aga-Dorf Tenganan, denen magische Kräfte nachgesagt werden: Nur noch einige wenige Frauen können diese äußerst seltenen Stoffe fertigen, deren doppelseitige Muster mithilfe komplizierter Rechnerei entstehen und Tausende von Euros kosten.

TONWAREN

Pejaten auf Bali ist bekannt für seine farbige, üppig dekorierte Keramik. Die meisten Tonwaren stammen jedoch von Lombok: Die Sasak in Banyumulek und Masbagik stellen schlichte, elegante Terrakottaprodukte her.

WAYANG

Schöne Schattenpuppen *(wayang kulit)* sind teuer, sie zeichnen sich durch ihre Stanzmuster im Büffelleder aus. Wirklich alt sind sie nur, wenn sie auch Abnutzungsspuren aufweisen. Dasselbe gilt für die hölzernen Handstabpuppen *(wayang golek),* die meist aus Westjava stammen.

BALI

Die meisten Besucher sind bereits bei der Ankunft auf Bali überwältigt von den vielen exotischen Eindrücken, die auf sie einstürmen: Gerade eben noch im chaotischen Verkehr auf der Hauptstraße, finden sie sich wenige Schritte weiter in einer Welt aus duftenden Frangipanibäumen, sanfter Gamelanmusik und mystischen Tempelzeremonien, die den Alltag jedes Balinesen beherrschen. Jede Familie – auch jedes Hotel – ehrt die Hausgötter mehrmals täglich mit Früchten, Reis, Blumen und Räucherstäbchen. Gekleidet in *sarongs* (Wickelröcken), mit Schärpen und Kopfschmuck bringen Hausbewohner, Hotelangestellte oder Ladenbesitzer diese Gaben in Palmkörbchen auf kleinen Altären dar. Noch beeindruckender sind die Prozessionen an Feiertagen, wenn ein ganzes Dorf in Festtagsgewändern mit lauten Gongs zum Tempel zieht und die Frauen kunstvolle Pyramiden aus Früchten auf ihren Köpfen balancieren.

Bali ist eine Enklave im Land mit der größten muslimischen Bevölkerung der Welt: 87 Prozent der 4 Mio. Inselbewohner sind Hindus. Dank der späten Kolonialisierung und des früh einsetzenden Tourismus konnten die Balinesen ihre Kultur erhalten. Ihr Weltbild richtet sich nach einer eigenen Mythologie, wonach das Meer von Dämonen bevölkert ist und die Götter auf den Bergen leben. Ihr heiligster Tempel, Pura Besakih, liegt am Hang des 3148 m hohen Vulkans Gunung Agung, des höchsten und heiligsten Bergs Balis. Reißende Flüsse fließen von

Bild: Tirtagangga

Vulkane und Korallenriffe, Nachtclubs und Strandidylle, Heiligtümer und Wellnesstempel – Bali überrascht mit zahlreichen Facetten

dort durch steile Schluchten, Wälder und Reisterrassen bis hinunter zu den Stränden, die im Süden weiß und im Norden vulkanisch schwarz sind.

Rund ein Drittel seiner Zeit verwendet jeder Balinese auf die traditionellen Pflichten den Göttern und seiner Gemeinde gegenüber. Denn auch die Verwaltung und Teile der Rechtsprechung liegen auf Bali noch in den Händen der Dorfgemeinde, des *banjar*, dem jeder verheiratete Mann angehört. Für viele wird es jedoch immer schwieriger, ihre Traditionen mit dem modernen Leben in Einklang zu bringen, denn auf keiner Insel Indonesiens ist die Globalisierung so weit fortgeschritten: Rund 3 Mio. ausländische Touristen im Jahr bringen nicht nur Devisen, sondern auch jede Menge Einflüsse aus dem Rest der Welt auf die 5700 km² große Insel. Am stärksten ist dies in Kuta zu spüren, wo es den meisten Besuchern vor allem um Strand, Surfen und Partys geht. Bis zum schicken Ort Seminyak 4 km weiter nördlich reihen sich nahtlos Restaurants, Bars und Hotels aneinander. Um zu verhindern, dass die Besuchermassen die ganze Insel überschwemmen, entstand in den 1970er-Jahren an den Stränden der Bukit-Halbinsel im Süden das Touristenresort Nusa Dua – heute eine abgeschlossene Welt aus Hotelanlagen.

Abseits des Rummels entspannen, schnorcheln und tauchen kann man vor allem im Norden und Osten der Insel, in Amed, Lovina oder Pemuteran. Ubud dagegen entwickelte sich in den letzten zehn Jahren zum Mekka für kulturell und spirituell Interessierte. Immer mehr Anbieter setzen auf einen gehobenen Tourismus in exklusiven Villen mit ökologisch korrekten Freizeitangeboten – Yogakurse und Bioküche sind dabei obligatorisch.

Vor Ameds Küste offenbart sich Tauchern ein tropisches Unterwasserparadies

AMED

(137 E4) (*🕮 N3*) **Zerklüftete Hügel und kleine Buchten prägen die raue Schönheit der Ostküste Balis.**

Einst als Armenhaus der Insel bekannt, hat sich der Küstenabschnitt im Süden des Fischerdorfs Amed mittlerweile zum Zufluchtsort für Reisende gewandelt, die Ruhe vor dem Rummel der Touristenzentren suchen: In den letzten zehn Jahren vervielfachte sich die Anzahl der Hotels und Restaurants entlang der schmalen Küstenstraße, die von Amed über Jemeluk, Bunutan, Lipah und Selang in den Süden führt. Dennoch ist Amed nach wie vor sehr ruhig und ermöglicht Familien und Tauchfans einen entspannten Urlaub. Die meist kleinen Unterkünfte liegen entweder hoch auf den Klippen oder laden am dunkelsandigen Strand der Buchten zum Baden und Schnorcheln ein. In der Dämmerung können Sie den Fischern zusehen, wenn sie in ihren Auslegerbooten aufs Meer fahren. Shoppinggelegenheiten oder Nachtleben gibt es dagegen in Amed kaum.

Von Amed können Sie direkt auf die Gilis übersetzen *(45 Min.; Kuda Hitam Ex-*

press | www.kudahitamexpress.com; Gili Sea Express | www.gili-sea-express.com; Freebird Express | freebird-express.com).

ESSEN & TRINKEN

CELAGI
Einfaches Restaurant direkt am Strand mit frischen balinesischen und europäischen Gerichten, Seafood und Desserts. *Jemeluk | Tel. 0859 35 02 66 19 |* €

SAILS
Frisches Seafood, Steaks und leckere Desserts werden auf einer luftigen Terrasse hoch über dem Meer serviert. *Lean Beach | Tel. 0363 2 20 06 |* €€

INSIDER TIPP WAWA WEWE BEACH
Der vierte Ableger des Familienunternehmens bietet einfache, aber gute westliche und indonesische Küche und ist Treffpunkt für Einheimische und Touristen, die vor allem wegen der Cocktails und der Livemusik (Mo und Do) kommen. *Amed | Tel. 0363 2 35 22 |* €–€€

FREIZEIT & SPORT

Amed zieht vor allem Taucher und Schnorchler an: In den meisten Buchten kann man direkt auf Unterwassersafari gehen und trifft immer auf bunte Korallen und Fischschwärme, am besten in Jemeluk und Lipah. Beliebte Tauchspots sind das Riff vor *Jemeluk* sowie die kleine Insel *Gili Selang*. Vor *Tulamben* etwas weiter im Norden liegen eine spektakuläre Korallenwand sowie das korallenüberwucherte Wrack eines amerikanischen Versorgungsschiffs aus dem Zweiten Weltkrieg vor der Küste – eine der wichtigsten Tauchattraktionen in Bali. Hier haben sich inzwischen ebenfalls diverse internationale Resorts mit eigenen Tauchschulen angesiedelt. Die Anfahrt von Amed dauert nur eine halbe Stunde, per Boot geht's noch schneller. Kurse und Touren bieten *Jukung Dive (Amed | Tel. 0363 2 34 69 | www.jukungdivebali.com)* oder *Eco Dive (Jemeluk | Tel. 0363 2 34 82 | www.ecodivebali.com)*. Ausfahrten mit Fischerbooten arrangiert *Amed*

MARCO POLO HIGHLIGHTS

★ **Pura Luhur Uluwatu**
Uralter Tempel auf den Klippen der Südküste → S. 37

★ **Tenganan**
Kultur und Tradition von Balis Ureinwohnern Bali Aga erfahren → S. 41

★ **Seminyak**
Nach dem Shoppen in Balis trendigsten Strandbars Cocktails schlürfen und dabei den Sonnenuntergang genießen → S. 61

★ **Danau Buyan und Tamblingan**
Reisfelder und Wasserfälle laden zu idyllischen Spaziergängen ein → S. 50

★ **Nusa Lembongan**
Ideal zum Schnorcheln, Surfen und Entspannen → S. 51

★ **Pulau Menjangan**
Tauchgänge mitten im Nationalpark Taman Nasional Bali Barat → S. 57

★ **Gunung Batukaru**
Üppige Reisterrassen mit atemberaubendem Panorama und ein mystischer Tempel im Wald → S. 65

★ **Ubud**
Bei Kunst, Spa und Yoga an einem heiligen Ort das spirituelle Bali entdecken → S. 66

★ **Gunung Batur**
Bizarre Vulkanlandschaft und uralte Traditionen → S. 73

Einst königliches Refugium, heute beliebtes Naherholungsgebiet: der Ujung-Wasserpalast

Bali Tour (Tel. 0852 38 69 28 53 | www.amedbalitour.com).

ÜBERNACHTEN

BLUE MOON VILLAS

Großzügige Bungalows am Steilhang von Selang, Meerblick von allen Zimmern, Restaurant, zwei Pools und Spa, sehr gutes Restaurant. *34 Zi. | Selang | Tel. 0363 2 14 28 | www.bluemoonvilla.com |* €€

INSIDER TIPP THE KAMPUNG

Zwei traditionelle javanische Holzhäuser mit Pool direkt am Strand, Putz- und Küchenservice. *5 Zi. | Jl. Abang-Adem | Bunutan | Tel. 0363 2 30 58 | www.thekampung.com |* €€

PALM GARDEN AMED BEACH & SPA RESORT

Moderne Bungalowanlage mit Pool, Spa und Restaurant am Strand, nach Feng-shui-Prinzipen erbaut. *11 Bungalows | Lean Village | Bunutan | Tel. 0828 97 69 18 50 | www.palmgardenamed.com |* €€€

HOTEL UYAH AMED

Ins Dorf integriertes Eco-Resort mit Solarenergienutzung, zwei Pools, Spa, Restaurant. *27 Bungalows | Amed | Tel. 0363 2 34 62 | www.hoteluyah.com |* €

ZIELE IN DER UMGEBUNG

AMLAPURA (137 E5) (*N4*)

Rund 25 km sind es zum alten Sitz des einst mächtigen Karangasem-Reichs – heute eine kleine Bezirkshauptstadt mit 40 000 Einwohnern. Dennoch lohnt ein Stopp, um durch die engen Straßen mit chinesischen Läden und muslimischen *warungs* zu schlendern sowie die beiden Königspaläste zu besichtigen: Der *Puri Agung (tgl. 8–17 Uhr | Eintritt 10 000 Rp.)* im holländischen Kolonialstil war ein Geschenk der Besatzer und ist samt Wasserpavillon noch gut erhalten. Dagegen ist der weitläufige Komplex des *Puri Gede (tgl. 8–17 Uhr | Eintritt 10 000 Rp.)* aus dem 18. Jh. ziemlich heruntergekommen, doch gibt es einige interessante Bilder und Herrscherutensilien zu entdecken.

TIRTAGANGGA (137 D5) (🕮 N4)

Inmitten von Reisterrassen liegen 18 km südwestlich von Amed die heiligen Quellen von Tirtagangga („heiliges Wasser des Ganges"), um die der letzte König von Karangasem 1948 einen Park anlegen ließ. Auf drei Ebenen plätschern mehrere Pools mit kunstvoll gemeißelten Wasserspeiern und Statuen in einem üppigen Garten. In zwei der Pools dürfen Sie gegen eine Extragebühr *(10 000 Rp.)* baden. *Tgl. 8–18 Uhr | Eintritt 20 000 Rp.*

UJUNG-WASSERPALAST (137 E5) (🕮 N4)

1921 ließ der König von Karangasem den *Taman Soekasada Ujung (tgl. 8–17 Uhr | Eintritt 35 000 Rp.),* 30 km südlich von Amed, als Familienresidenz erbauen. Durch ein Erdbeben 1979 stark zerstört, wurde die Anlage etwas zu modern renoviert, Pools und Garten laden aber zu einem Spaziergang mit Blick auf den Gunung Agung ein. Von Ujung führt eine kurvige Küstenstraße bis nach Amed zurück. Wer die ruhige Stimmung länger genießen will, kann in einer der sieben luftigen Villen des *Seraya Shores Resort (Tel. 0812 36 11 93 58 | www.serayashores.com | €€)* übernachten und den Pool direkt über dem Ozean genießen sowie das gesunde Menü, das sich nach den Tageseinkäufen des Kochs richtet.

BUKIT-HALBINSEL

(138–139 B–D 5–6) (🕮 H–J 7–8) **Wie ein Tropfen hängt die Halbinsel Bukit Badung – oft nur „Bukit" (Hügel) genannt – am südlichen Zipfel Balis.**

Einst wegen ihrer Trockenheit kaum bewohnt, sind die bis zu 200 m hohen Kalkfelsen heute als „Millionärszeile" bekannt: Hoch auf den spektakulären Klippen eröffnen immer mehr Luxusresorts, auch dehnt sich Kutas Clubszene inzwischen bis hierhin aus. Bereits in den 1970er-Jahren schuf die Regierung am weitläufigen Oststrand der Halbinsel die Hotelstadt *Nusa Dua*, um den Massentourismus besser kanalisieren zu können. Drei streng bewachte Tore führen vom Hafenstädtchen *Tanjung Benoa* in die abgeschlossene Fünf-Sterne-Welt, die Touristen alles bietet außer echtem balinesischem Leben. Das lässt sich besser in *Jimbaran* an der Westküste beobachten, wo morgens und abends die bunten Fischerboote ihren Fang einbringen und an die schlichten Restaurants verkaufen, die sich den Strand entlang aufreihen. Besonders beliebt ist die Halbinsel bei Surfern, die sich in den Buchten im Südwesten tummeln.

SEHENSWERTES

MUSEUM PASIFIKA

Mitten im Hotelkomplex von Nusa Dua präsentiert das weitläufige Museum in moderner balinesischer Architektur nicht nur Kunst aus Indonsien, sondern auch aus Europa, Indochina, Ostasien und der pazifischen Inselwelt. *Tgl. 10–18 Uhr | Eintritt 70 000 Rp. | Block P | Nusa Dua*

PURA LUHUR ULUWATU ★

Rund 80 m über der Brandung thront der alte Tempel aus dem 11. Jh., der zu den sechs heiligsten Tempeln Balis gehört und zu Ehren der Meeresgöttin Dewi Danu erbaut wurde. Entlang an Frangipanibäumen führt eine Treppe zum äußeren Hof des Tempels, dessen geschwungenes Tor von Ganeshafiguren bewacht wird. In die Wände aus weißen Korallen sind Szenen aus balinesischen Mythen gemeißelt. Der mittlere und innere Hof ist nur für Hindus zugänglich. Ein schmaler Weg führt durch das Tempelareal entlang der Steilküste und eröffnet atemberaubende Blicke auf das tosende Meer in der Tiefe. Besonders empfehlenswert zum Sonnenuntergang, wenn der ● *Kecak*-Tanz vor der Silhouette des Tempels aufgeführt wird. Zuvor sollten Sie allerdings Ihre Wertsachen, Kamera und Sonnenbrille gut verstauen, um sie vor den aufdringlichen Affen in Sicherheit zu bringen. *Tgl. 9–19, Kecak tgl. 18 Uhr | Eintritt 40 000 Rp., Kecak 100 000 Rp.*

ESSEN & TRINKEN

Die Luxushotels in Nusa Dua und auf der restlichen Halbinsel haben alle exzellente, teure Restaurants. ● Das beste Seafood gibt es günstig an den Strand-*Warungs* in Jimbaran.

BALIQUE RESTAURANT

Leckere Fusionküche in luftiger Architektur im gepflegten Vintagestil. *Jl. Uluwatu 89 | Jimbaran | Tel. 0361 70 49 45 |* €€–€€€

BUDDHA SOUL

Das schöne Biorestaurant mit Yoga-Shop bietet „Seelenfutter", viel vegetarisches und Raw Food. *Jl. Labuansait | Padang-Padang Beach | Tel. 0361 8 95 73 38 |* €€

BUMBU BALI

Der vielfach ausgezeichnete Meisterkoch Heinz von Holzen serviert eine großartige Auswahl balinesischer Gerichte und bietet auch Kochkurse an. *Jl. Pratama | Tanjung Benoa | Tel. 0361 77 22 99 |* €€

INSIDER TIPP SINGLE FIN

Cooler Surferclub mit atemberaubendem Blick von den Klippen, Pizza, Tacos, Cocktails und viel Musik. *Jl. Mamo | Uluwatu | Tel. 0361 76 99 71 |* €€

FREIZEIT & SPORT

Die großen Hotels bieten alle Arten von Wassersport sowie Tennisplätze und luxuriöse Spas.

Die Hauptattraktion im Südwesten der Halbinsel sind die spektakulären Wellen, die Surfer aus aller Welt anziehen. Kurse gibt es im *Padang Padang Surf Camp (Tel. 0819 99 28 35 49 | www.balisurfingcamp.com)*. Golfer finden einen der besten Plätze Asiens im *Bali National Golf Club* in Nusa Dua. Eine Alternative ist der *New Kuta Golf* in Pecatu mit Blick aufs Meer *(Infos unter short.travel/bal6)*.

STRÄNDE

Die weitläufigsten Strände der Halbinsel liegen im Hotelkomplex von *Nusa Dua*. Der Strand in *Tanjung Benoa* sowie im Süden *Jimbarans* ist ebenfalls größtenteils von Hotels in Beschlag genommen. Der lange Streifen vor den Fisch-*Warungs* in Jimbaran lädt eher zum Spazierengehen ein. Der sehr schöne *Dreamland Beach* ist meist sehr voll, dasselbe gilt für den *Pandawa Beach*. Etwas schwieriger zu erreichen sind die bei Surfern beliebten Buchten *Bingin, Balangan* und *Padang-Padang*, in denen auch Schwimmen und Schnorcheln möglich sind. In der Brandung von *Impossibles, Nyang-Nyang, Suluban* und *Uluwatu* allerdings sollten sich Nichtsurfer und Anfänger besser aufs Zusehen beschränken.

ÜBERNACHTEN

BALI BULE HOMESTAY

Das schöne Familienhotel mit Pool und Restaurant liegt 5 Min. Fahrt von Suluban und Padang-Padang entfernt. Ideal für Surfer. *10 Zi. | Jl. Pantai Padang-Padang | Uluwatu | Tel. 0361 76 99 79 | balibulehomestay.com |* €

BALI REEF RESORT

Gepflegtes, familienfreundliches Bungalowresort mit Pool, Spa und Strandrestaurant. *28 Zi. | Jl. Pratama | Tanjung Benoa | Tel. 0361 776291 | www.balireefresort.com* | €€€

JIMBARAN PURI BALI

Schickes Designresort im weitläufigen Tropengarten. Riesiger Pool, Spa, Restaurant und Bar direkt am Strand, Familienangebote und Hochzeitsservice. *64 Cottages | Jl. Uluwatu, Yoga Perkanthi Lane | Jimbaran | Tel. 0361 701605 | short.travel/bal7* | €€€

INSIDER TIPP THE TEMPLE LODGE

Sie übernachten in einer von sieben individuell gestalteten Suiten auf den Felsen über Bingin und genießen Bioküche, Pool und Spa. Tägliche Yogakurse. *Jl. Pantai | Bingin | Tel. 0857 39011572 | www.thetemplelodge.com* | €€

UDAYANA KINGFISHER ECO LODGE

Auf dem Hügel mitten im Campus der Udayana-Universität bietet dieses Hotel mit durchdachtem ökologischem Konzept viel Ruhe und natürliche Umgebung weit ab vom Touristenrummel. *15 Zi., 2 Villen für Langzeitaufenthalte | Kampus Udayana | Jimbaran | Tel. 0361 74719383 | udayanaecolodge.com* | €€

CANDIDASA

(137 D6) (N5) **Oft als das „alte Bali" bezeichnet, konnte das ehemalige Fischerdorf (ca. 20000 Ew.) seinen ursprünglichen Charme bewahren, der sich allerdings nicht auf den ersten Blick erschließt.**

Im Zuge des Touristenbooms in den 1970er-Jahren wurden die Korallenriffe vor der Küste als Baumaterial abgetragen – eine Dekade später hatte die

Die Brandung vor der Bukit-Halbinsel ist für viele Surfer eine echte Herausforderung

Brandung den Strand komplett zerstört. Heute schützen hässliche Betonwälle den Hauptort vor weiterer Erosion. Östlich und westlich des Zentrums jedoch finden sich Bungalowanlagen in Palmenhainen und wunderschöne Strände. Candidasa ist ein idealer Ausgangspunkt für Ausflüge in den bergigen Osten Balis.

ESSEN & TRINKEN

LEZAT BEACH RESTAURANT

Balinesische Köstlichkeiten, serviert in einem luftigen Pavillon direkt am Meer. Abends balinesische Musik, Dienstag, Donnerstag und Samstag mit *Legong*-Tanz. *Jl. Raya Candidasa | Tel. 0812 3 94 10 75* | €€

INSIDER TIPP LOAF CANDIDASA

Tolle Kuchen- und Brotauswahl, exzellenter Kaffee zum Frühstück, frische Salate und Pies zum Lunch. *Jl. Raya Candidasa | Tel. 0813 46 29 98 78 | www.ayutamansari.com* | €

VINCENT'S

Gemütliche Restaurantbar mit internationaler Küche sowie einer guten Cocktail- und Weinauswahl, Livejazz. *Jl. Raya Candidasa | Tel. 0363 41368 | www.vincentsbali.com* | €€

STRÄNDE

Direkt im Osten von Candidasas Hauptstraße ist der Strand eher schmal, doch je weiter es nach Westen geht, desto großzügiger werden die Sandstreifen. Sehr beliebt ist der unbebaute Strand *Pasir Putih* („weißer Sand"): Etwa 5 km nordöstlich von Candidasa führt eine holperige Straße zu einem von Felsen eingerahmten Sandstreifen mit kristallklarem Wasser. Ab mittags wird es dort allerdings sehr voll.

ÜBERNACHTEN

ALILA MANGGIS

Elegante Hotelanlage unter Kokospalmen am schönen Strand westlich von Candidasa. Pool, Spa, Yogakurse und edles Restaurant. Das umweltbewusste Management hat ein Müllverwertungsprojekt im Nachbardorf initiiert. *55 Zi. | Buitan Manggis | Tel. 0363 41011 | www.alilahotels.com/manggis* | €€€

INSIDER TIPP SEA BREEZE

Am Strand von Mendira liegt diese gepflegte Anlage, Restaurant mit familiärer Atmosphäre, zwei Pools, Spa. *16 Zi. | Mendira Beach | Tel. 0363 42149 | www.seabreezecandidasa.com* | €€

VILLA ROSSA

Moderne Villenanlage im Norden von Candidasa mit Pool, Spa und Tauchschule. *20 Zi. | Jl. Pantai Indah | Tel. 0363 42062 | w_maras@yahoo.com* | €€

THE WATERGARDEN

Die 13 Bungalows verstecken sich zwischen Lotosteichen in einem üppigen Garten am Hang. Zwei Pools, Spa, Restaurant. *Jl. Raya Candidasa | Tel. 0363 41540 | www.watergardenhotel.com* | €€€

ZIELE IN DER UMGEBUNG

GUNUNG AGUNG

(136–137 C–D 3–4) (*M–N 3–4*)

Auf der meist wolkenverhüllten Spitze des ca. 30 km entfernten, majestätischen „Großen Bergs" (3142 m) wohnen nach balinesischem Glauben die Götter. Diese bewiesen 1963 ihren Unmut, als beim letzten Ausbruch des Vulkans weite Teile Ostbalis zerstört wurden. Der anstrengende Aufstieg zum 700 m breiten Krater ist von *Besakih (ca. 6 Std., für erfahrene*

Morgennebel umhüllt die zentrale Tempelanlage des Pura Besakih

Bergsteiger) oder vom *Pura Pasar Agung (ca. 4 Std.)* möglich. Ein Führer ist nicht obligatorisch, aber empfehlenswert.

PURA BESAKIH

(136 C4) *(L–M4)*

Der „Muttertempel" der Balinesen liegt ca. 40 km nordwestlich von Candidasa auf fast 1000 m am Hang des Gunung Agung und bietet eine großartige Aussicht. Die größte und wichtigste Tempelanlage der Insel hat ihre Ursprünge im 11. Jh. und besteht heute aus 22 Tempeln, die sich den Berg hinaufziehen. Das symbolische Zentrum bildet der *Pura Penataran Agung* mit einem Lotosthron, der dem Gott Shiva geweiht ist. Ein Besuch lohnt sich nur mit einem guten Führer, da sich der lange Weg vom Parkplatz zur Tempelanlage in eine Touristenfalle mit Dutzenden von aufdringlichen Guides und Verkäufern verwandelt hat. *Tgl. 8–17 Uhr | Eintritt 35 000 Rp.*

TENGANAN ★ (137 D5) *(N4–5)*

In wenigen versteckten Dörfern leben die Ureinwohner Balis, die Bali Aga, ein Leben nach strengen Traditionen. Tenganan, 3 km nördlich von Candidasa, ist das einzige Bali-Aga-Dorf, das sich dem Tourismus geöffnet hat. Die traditionellen Häuser ziehen sich links und rechts des Dorfplatzes den Berg hinauf. Gegen eine Spende am Dorfeingang darf man sie besichtigen und den Bewohnern beim Anfertigen von Korbwaren, Manuskripten aus Blättern der Lontarpalme oder den berühmten *Geringsing*-Stoffen zusehen: Nur noch wenige Frauen beherrschen die Kunst, ein doppelseitig gewebtes *Ikat*-Tuch anzufertigen. Die Herstellung dieser teuren Stoffe, die magische Kräfte verleihen sollen, dauert mehrere Jahre. Beim jährlichen *Usaba-Sambah-Fest* im Juni kämpfen die jungen Männer des Dorfs mit Pandanusblättern gegeneinander.

DENPASAR

(138–139 C–D4) (🕮 J6–7) **Moderne Geschäftszentren, Verwaltungsgebäude und viel Verkehr prägen Balis Hauptstadt, deren rund 800 000 Einwohner aus allen Teilen des Lands stammen: Das quirlige Leben hier spiegelt die Realität Indonesiens wider.**

Im Südwesten geht Denpasar nahtlos in Seminyak über, im Südosten reichen die Vororte bis nach Sanur. Die meisten Touristen streifen Denpasar nur, doch die früher als *Badung* bekannte Königsstadt besitzt viele schöne Bauten und Parks, ein historisches Museum und ein Kulturzentrum. Der alte Königspalast wurde bei der Eroberung durch die Holländer 1906 weitgehend zerstört, zu sehen sind nur noch die kleineren Paläste *Puri Satria (Jl. Veteran), Puri Pemecutan (Jl. Thamrin)* und *Puri Jero Kuta (Jl. Dr. Sutomo).* Obwohl die Kolonialherren ihren Verwaltungssitz in Singaraja errichteten, war Denpasar schon in den 1930er-Jahren ein wichtiges Handelszentrum – den Hauptstadtstatus erhielt es erst 1958.

CITY **WOHIN ZUERST?**

Jl. Gajah Mada: Denpasars Hauptachse beginnt südlich vom Busterminal im Westen, wo alle Überlandbusse ankommen, und führt quer durchs Zentrum. Hier liegen auch die beiden Märkte Pasar Badung und Pasar Kumbasari. Folgen Sie der Straße noch ca. 500 m in den Westen, gelangen Sie zum Puputanplatz, wo der Pura Jagatnatha und das Bali Museum liegen.

LOW BUDG€T

Beim *Bali Arts Festival* (Juni/Juli) in Denpasar sind die Tanz- und Musikvorführungen meist gratis und vielfältiger als auf den Touristenbühnen.

Beim *Ubud Food Festival* (s. S. 117) gibt es diverse Events, wo Sie gratis frische Leckereien kosten können.

● Anstatt bei jeder Tempelbesichtigung eine Leihgebühr für *sarong* und Schärpe zu bezahlen, besorgen Sie sich zu Anfang des Urlaubs ein Wickeltuch, das Sie immer dabeihaben.

Wer mehrmals mit den Shuttlebussen von *Perama Tours (www.peramatour.com)* fährt, erhält bei Vorlage der alten Tickets einen Rabatt.

SEHENSWERTES

ARTS CENTER (TAMAN WEDHI BUDAYA)

Das Kulturzentrum liegt in einem Park im Osten von Denpasar. In dem weitläufigen Komplex befinden sich die Kunstakademie, eine Galerie und drei Open-Air-Bühnen. Richtig voll wird es hier zum *Bali Arts Festival (www.baliartsfestival.com)*, das alljährlich im Juni/Juli stattfindet. *Mo–Do, Sa 8–14.30, Fr 8–12.30 Uhr, während des Festivals tgl. 10–22 Uhr | Jl. Nusa Indah*

BALI MUSEUM (MUSEUM NEGERI PROPINSI BALI)

Prähistorische Artefakte, Tanzkostüme, religiöse Objekte und Gamelaninstrumente sind im staatlichen Provinzmuseum Balis zu sehen. 1910 von den Holländern gegründet, besteht das Museum heute aus vier Gebäuden, die die balinesische Palast- und Tempelarchitektur aus verschiedenen Epochen präsentieren, wie etwa aus der Zeit der Gelgel- oder der Karangasem-Dynastien. Jeden Sa um 16 Uhr trainieren ● Kindertanzgruppen im Innenhof *(Eintritt frei). Sa–Do 8–16, Fr 8.30–12.30 Uhr | Eintritt 20 000 Rp. | Jl. Mayor Wisnu*

Auf dem Bali Art Festival in Denpasar treten auch Maskentänzer auf

PUPUTAN-PLATZ

Ein Denkmal auf dem grünen Platz im Zentrum Denpasars erinnert an den rituellen Selbstmord *(puputan)* der Fürsten von Badung und Tabanan, die sich 1906 den Holländern mit ihrem gesamten Hofstaat unbewaffnet entgegenstellten, um der Kolonisierung zu entgehen. Wer nicht durch die Gewehrsalven starb, tötete sich nach dem Gemetzel selbst. Heute ist der Platz abends ein beliebter Treffpunkt.

PURA JAGATNATHA

An der Ostseite des Puputan-Platzes steht Balis Staatstempel, erbaut 1953, der der obersten Gottheit Sanghyang Widhi geweiht ist, die Shiva, Brahma und Wishnu in sich vereint – ein Zugeständnis an die indonesische Staatsphilosophie *pancasila*, die den Monotheismus voraussetzt. Der Heiligenschrein besteht aus weißen Korallen. In Vollmondnächten gibt es *Wayang*-Aufführungen: Dann philosophieren, trinken und flirten die Balinesen vor dem Tempel.

ESSEN & TRINKEN

INSIDER TIPP BHINEKA JAYA CAFE

Der Coffeshop von Balis bekanntestem Kaffeeproduzenten, eigentlich ein Warenlager aus der Kolonialzeit, lockt mit selbst gerösteten Kaffees, darunter Kopi Luwak, dem teuersten Kaffee der Welt. *Jl. Gajah Mada 80 | www.kopibali.com*

PASAR MALAM KERENENG

Auf dem quirligen Nachtmarkt bieten Straßenstände Gerichte aus ganz Indonesien an. *Jl. Kamboja* | €

Nicht nur für (Hobby-)Köche ein Erlebnis ist ein Bummel über den Pasar Badung

EINKAUFEN

Neben modernen Shopping-Malls gibt es interessante Märkte: Der größte ist der *Pasar Badung (Jl. Gajah Mada)*, auf dem es ab 5 Uhr morgens frische Lebensmittel zu kaufen gibt. Auf der anderen Seite des Flusses liegt der *Pasar Kumbasari*, wo Händler Kunsthandwerk und Souvenirs feilbieten. Sehr bunt, aber nichts für zarte Gemüter ist der Vogelmarkt *Pasar Burung (Jl. Veteran)*, auf dem auch Kleintiere und Insekten zum Verkauf stehen.

ÜBERNACHTEN

INNA BALI

Koloniale Atmosphäre verströmt Denpasars ältestes internationales Hotel, das 1927 von den Holländern gebaut wurde. Restaurant, Pool. *71 Zi. | Jl. Veteran 3 | Tel. 0361 22 56 81 | www.innabali.com |* €–€€

AUSKUNFT

DENPASAR GOVERNMENT TOURISM OFFICE

Jl. Surapati 7 | Tel. 0361 23 45 69 | www.balidenpasartourism.com

KUTA/LEGIAN

KARTE IM HINTEREN UMSCHLAG

(138 C4–5) (*H–J7*) **Bevor die Hippies und Surfer in den 1960er-Jahren den kilometerlangen Sandstrand mit der ewig rollenden Brandung für sich entdeckten, war Kuta ein Fischerdorf mit ungepflasterten Wegen.**

Heute zeugen im wichtigsten Touristenzentrum Balis (100 000 Ew.) nur noch die engen Gassen um die Poppies Lane von der alten Dorfstruktur. Entlang der Strandpromenade und der *Jalan Legian*, die Kuta und Legian verbindet, drängen sich Autos, Mopeds und Verkäufer. Hotels, Restaurants und Läden reihen sich dicht an dicht, und die Übergänge zu den Nachbarorten Tuban im Süden und Seminyak im Norden sind nicht mehr zu erkennen: Kuta und Legian sind zu einem urbanen Konglomerat verschmolzen, das mittlerweile in jeder Richtung an seine Grenzen stößt. Doch gerade diese pulsierende Dichte scheint Surfer und Partyfans anzuziehen, die tagsüber Strand, Sonne und Wellen genießen und abends ins Nachtleben abtauchen. Das etwas ruhigere *Tuban* dagegen bietet von Vergnügungspark bis Shopping-Mall alles für einen Familienurlaub.

Ein Denkmal an der Stelle eines zerstörten Nachtclubs in der Jl. Legian erinnert an die Bombenanschläge von 2002 und 2005, bei denen mehr als 200 Menschen ums Leben kamen. Bis heute sind die Sicherheitsvorkehrungen in großen Hotels und Malls daher oft recht streng.

ESSEN & TRINKEN

BENE LANE CAFE (U B4) *(b4)*
Populäres Sportcafé, serviert Burger, Steaks und Drinks zu Live-Übertragungen. *Jl. Lebak Bene, Shop 1 | Legian Kelod | Tel. 0361 75 98 94 |* €

ENVY (U A5) *(a5)*
Das freundliche Personal in der hippen Strandlounge serviert köstliche Pasta, Steaks, Seafood und Cocktails. *Jl. Wana Segara 33 | Tuban | Tel. 0361 75 25 27 |* €€–€€€

GABAH RESTAURANT & BAR
(U B5) *(b5)*
Zentral gelegenes Restaurant mit großer Auswahl an Gerichten aus allen indonesischen Landesteilen. *Jl. Bakung Sari | Tuban | Tel. 0361 75 18 64 | www.ramayanahotel.com |* €€€

KORI RESTAURANT & BAR
(U B4) *(b4)*
Eine Oase der Ruhe mitten in Kuta: Balinesische Spezialitäten und internationale Küche genießen Sie in einem schönen Garten. Zigarren- und Kognaklounge. *Poppies Lane II | Kuta | Tel. 0361 75 86 05 |* €€

KUALI RESTAURANT (U B3) *(b3)*
Unter riesigen Bäumen bietet dieses Strandrestaurant üppige indonesische und westliche Gerichte. *Jl. Arjuna 99 | Legian Kaja | Tel. 0361 73 02 45 |* €–€€

MADE'S WARUNG I UND II
Immer voll, denn ein immer gut gelaunter Service verwöhnt die Gäste mit leckeren indonesischen Gerichten. *Jl. Pantai Kuta* (U B5) *(b5) | Tel. 0361 73 21 30 | Kuta und Jl. Raya Seminyak* (U B3) *(b3) | Legian | Tel. 0361 75 52 97 |* €€

INSIDER TIPP **PEARL RESTAURANT BALI**
(U B3) *(b3)*
Wie eine Oase inmitten des hektischen Treibens präsentiert sich dieses edle Gartenrestaurant mit exquisiter französischer Küche. Reservieren! *Jl. Arjuna | Legian Kaja | Tel. 0819 34 33 40 60 |* €€€

EINKAUFEN

ASIA LINE HANDICRAFT (U B3) *(b3)*
Indonesisches Kunsthandwerk von Holzmasken über Rattantaschen bis Silbervasen in Exportqualität. *Jl. Legian Kaja 457a | Legian Kaja*

BALI BEACH WALK (U B4) *(b4)*
Schickes Einkaufszentrum direkt an der Strandpromenade mit einheimischen wie internationalen Mode- und Food-Outlets. *Jl. Pantai Kuta | Kuta | beachwalkbali.com*

BIN-HOUSE
Die tragbare indonesische Mode wird aus edlen Stoffen nach traditionellen Vorbildern manuell gefertigt. *Discovery Shopping Mall MG 30 | Jl. Kartika Plaza* (U B5) (*b5*) | *Kuta und Made's Warung | Jl. Raya Seminyak* (U B3) (*b3*) | *Seminyak | www.binhouse.com*

CELLARDOOR (U O) (*O*)
Im Laden der balinesischen Hatten Wines können Sie neben selbst gekelterten Tropfen auch Spirituosen aus der Distillerie Dewi Sri kaufen und täglich an einer Weinprobe teilnehmen. *Bypass Ngurah Rai 393 | Tel. 0361 4 72 13 77 | www.hattenwines.com*

POKITO (U B4) (*b4*)
Die Adresse für kreative Kindermode mit modernen Batikmotiven für Null- bis Zehnjährige. *Jl. Legian 384 | Kuta | www.facebook.com/pokito.bali*

RIP CURL LEGIAN MEMORIAL
(U B4) (*b4*)
Alles, was das Surferherz begehrt, in Bambusarchitektur. *Jl. Legian 62 | Kuta*

FREIZEIT & SPORT
Gute Surfspots und Verleihshops finden Sie überall am Strand, Kurse belegen Sie bei der *Pro Surf School (Jl. Pantai Kuta* (U B4) (*b4*) *| Kuta | Tel. 0361 75 12 00 | www.prosurfschool.com).* Wer schnorcheln und tauchen will, muss etwas weiter fahren, da sich die Küste direkt vor Kuta nicht dafür eignet. Touren und Kurse organisieren zahlreiche Anbieter, darunter die deutsche Tauchschule *Paradise Diving Indonesia (Jl. Arjuna 6a* (U A3) (*a3*) *| Legian | Tel. 0811 39 35 15 | www.divingbali.de).*
Strandmassagen und Spas gibt es an jeder Ecke. Als einer der besten Wellnesstempel Kutas gilt das *DaLa Spa*

Auf die perfekte Welle brauchen Surfer an Kutas Stränden nicht lange zu warten

im *Villa de Daun Resort (Jl. Legian 123* (U B4) *(b4) | Kuta | Tel. 0361 75 62 76)*, günstiger sind die Behandlungen im *Cozy (Jl. Sunset Blok A3* (U B3) *(b3) | Legian | Tel. 0361 76 67 62)*. Spaß für die ganze Familie garantiert der *Waterbom-Park (tgl. 9–18 Uhr | Eintritt 39 US-$ | Jl. Kartika Plaza* (U B5) *(b5) | Tuban | www.waterbom-bali.com)*.

AM ABEND

Ganz Kuta ist eine einzige Ausgehmeile mit vielen Clubs, die größten liegen an der *südlichen Jl. Legian*. Die einst international bekannte Ausgehszene um die Jl. Arjuna hat sich weitestgehend nach Seminyak verlagert. Auch auf der Bukit-Halbinsel eröffnen stetig neue Clubs.

BEACHWALK XXI PREMIERE

(U B4) *(b4)*

Luxuskino, in dem vor allem Blockbuster aus Hollywood und Asien laufen. *Beachwalk Lantai 2, Jl. Pantai Kuta | Kuta | www.21cineplex.com/theaters*

BOSHE VVIPCLUB (U O) *(O)*

Hier trifft sich vorwiegend junges Publikum zum Sound von einheimischen DJs und bei Karaokepartys. *Tgl. 13–3 Uhr | Bypass Ngurah Rai 89x*

VILLA COCO (U B3) *(b3)*

Von der versteckten Gartenanlage mit luxuriösen Privatvillen mitten in Legian sind es 10 Min. zum Strand. Pool und In-House-Catering. *17 Villen | Jl. Arjuna, Gang Villa Coco | Legian | Tel. 0361 73 07 36 | www.villacoco.com* | €€€

OCEAN'S 27 (U B5) *(b5)*

Nach Sonnenuntergang verwandelt sich die Strandbar in einen hippen Club mit internationalen DJs. *Tgl. 10–1 Uhr | Discovery Esplanade | Jl. Kartika Plaza | Tuban*

SKY GARDEN LOUNGE

(U B4) *(b4)*

Feiern mit spektakulärem Blick über Kutas Dächer: Auf mehreren Tanzflächen und Bars verteilt sich ein gemischtes Publikum. ● All-you-can-eat-Buffet inklusive Drinks. *Tgl. 17–4 Uhr | Jl. Legian 61 | Kuta*

ÜBERNACHTEN

ALAYA RESORT (U B5) *(b5)*

Modernes Designhotel mit allem Komfort, Restaurant, Pool, Gym und einem Ableger des bekannten *DaLa Spa* im Haus. *116 Zi. | Jl. Kartika Plaza, Gang Puspa Ayu 99 | Tuban | Tel. 0361 75 53 80 | www.alayahotels* | €€€

DEKUTA BOUTIQUE HOTEL

(U B4) *(b4)*

Modernes Familienhotel in zweiter Reihe am Strand von Legian, mit Pool und zwei Restaurants. *53 Zi. | Jl. Pantai Kuta, Poppies Lane II | Tel. 0361 75 38 80 | dekuta.com* | €€

KUTA ECOSTAY (U B5) *(b5)*

Umweltbewusster Homestay in einer kleinen Gasse, der auf Mülltrennung und natürliche Abwasserentsorgung achtet. 16 saubere Zimmer. *Jl. Pantai Kuta, Gang Lotring 12 | Kuta | Tel. 0813 38 67 01 33* | €

PADMA RESORT (U B3) *(b3)*

Großes Fünf-Sterne-Strandhotel im modernen Bali-Stil mit diversen Restaurants und Bars, Poollandschaft und Spa, Sport- und Kinderprogramm. *409 Zi. | Jl. Padma 1 | Legian | Tel. 0361 75 21 11 | padmaresortlegian.com* | €€€

POPPIES COTTAGES I (U B4) *(b4)*

Ein Klassiker in Kuta: In einer engen Gasse liegen die kleinen Bungalows im tropischen Garten mit Pool. 5 Min. zum Strand. *25 Bungalows | Poppies*

Lane I | Kuta | Tel. 0361 75 10 59 | www.poppiesbali.com | €€

PURI DAMAI (U A3) (*a3*)
Ruhig gelegenes Hotel mit Pool – alle zwölf Apartments mit eigener Küche und Sitzecke. Zum Strand sind es nur 5 Gehminuten. *Jl. Werkudura | Legian Kaja | Tel. 0361 73 06 65 | www.madeswarung.com* | €€

INSIDER TIPP **TANAYA BED & BREAKFAST** (U B3) (*b3*)
Günstige Travellerunterkunft mit modernen, sauberen Zimmern. Zentral gelegen. *7 Zi. | Jl. Legian 131 | Kuta | Tel. 0361 75 62 76 | www.tanaya.com* | €

AUSKUNFT

INDONESIA TOURIST INFORMATION (U B4) (*b4*)
Jl. Raya Kuta 2 | Kuta | Tel. 0361 76 61 81

LOVINA

(134 C2) (*G1–2*) **Nach dem englischen Wort für Liebe benannte der letzte König von Buleleng den 10 km langen Küstenstreifen, der sich westlich von Singaraja über die Dörfer Anturan, Kalibukbuk und Kaliasem erstreckt.**

Inspiriert von den Hippies, die in den 1970er-Jahren Balis Norden eroberten, verwirklichte der Fürst hier seine Tourismusideen.

Lovina liegt an vulkanisch schwarzen Sandstränden, das ruhige Meer ist ideal zum Schwimmen und Schnorcheln. Die größte Attraktion ist Dolphin-Watching: Jeden Morgen vor Sonnenaufgang fahren Dutzende kleiner Auslegerbötchen zu den vorgelagerten Riffen, um den Touristen die Delphine zu zeigen, die sich hier meist tummeln. Da Lovina schon einmal bessere Tage erlebt hat, sind viele Hotels und Strandabschnitte vernachlässigt und von Guides belagert, die Arbeit suchen. Andererseits entstehen am Fuß der nahen Berge immer mehr Resorts, die Wellness-, Yoga- und Meditationsurlaub anbieten. Lovina eignet sich ausgezeichnet für Ausflüge ins zentrale Hochland Balis.

ESSEN & TRINKEN

AKAR CAFE
Klein, fein und in jeder Hinsicht grün: leckere vegetarische Küche, Bioprodukte und Vermittlung von Yogakursen in mintgrünem Dekor. *Jl. Binaria | Kalibukbuk | Tel. 0819 15 62 55 25* | €–€€

INSIDER TIPP **BAKERY LOVINA**
Hier gibt es Frühstück mit Müsli, Vollkornbrot, Würstchen und Käse sowie eine gute Weinauswahl und die beste Pizza im Norden Balis. *Jl. Raya Lovina | Kalibukbuk | Tel. 0362 4 22 25* | €€

MR. DOLPHIN
Beliebtes, einfaches Strandrestaurant mit gutem Seafood und Livemusik. *Jl. Laviana | Banyualit | Tel. 0813 53 27 69 85* | €

FREIZEIT & SPORT

Tauch- und Schnorchelausrüstungen bekommen Sie im Hotel oder bei *Spicedive (Tel. 0851 00 01 26 66 | short.travel/bal8)*, wo Sie auch Touren und Kurse buchen können. Delphintouren werden überall am Strand und in jeder Unterkunft organisiert. Im *Araminth Spa (Jl. Damai | Bhuanasari | Tel. 0362 3 43 57 59 | araminthspavillas.com)* können Sie selbst Massagetechniken erlernen. Wellness- und Yoga-Urlaub bieten *The Nibbana Bali Resort (Umeanyar | Seririt | Tel. 0811 39 77 84)* oder *Zen Resort Bali (Seririt | Tel. 0362 9 35 78 | www.zenresortbali.com)*.

ÜBERNACHTEN

THE DAMAI

Edles Boutiquehotel mit 14 stilvollen Bungalows, schönem Pool und Spa nahe den Bergen mit Meerblick. Sehr gutes Restaurant mit Bioküche. *Jl. Damai | Kayuputih | Tel. 0362 41008 | thedamai.com |* €€€

FRANGIPANI BEACH HOTEL

Schickes Boutiquehotel direkt am Strand mit Blick aufs Reisfeld. Pool und Restaurant. *9 Zi. | Jl. Kartika | Kalibukbuk | Tel. 0812 3824779 | www.frangipanibeachhotelbali.com |* €€

INSIDER TIPP THE HAMSA RESORT

Hoch am Berg über dem Singsing-Wasserfall in einem riesigen Garten liegen 13 Villen mit Meerblick um einen Pool. Biorestaurant, Ayurveda-Spa, Yoga und Detoxbehandlungen. *Jl. Air Terjun Sing Sing | Desa Cempaga | Tel. 0813 37194975 | www.thehamsaresort.com |* €€

HOTEL MELAMUN

Einfaches, ordentliches Hotel mit sehr gutem Service, schönem Pool und Spa. 3 Min. zum Strand. *10 Zi. | Jl. Laviana 7 | Banyualit | Tel. 0362 41561 | www.melamunhotel.com |* €

ZIELE IN DER UMGEBUNG

BANJAR (134 B3) (*F2*)

Das Dorf, 10 km westlich von Lovina, ist für seine heißen Quellen *(Air Panas | tgl. 8–18 Uhr | Eintritt 5000 Rp.)* berühmt. Ein kurzer Fußweg führt zu drei Becken mit steinernen Wasserspeiern. Ein Bad im 37 Grad warmen Schwefelwasser soll eine heilsame Wirkung haben. Südlich von Banjar liegt *Brahmavihara Arama (tgl. 9–18 Uhr | Eintritt gegen Spende | brahmaviharaarama.com)*, das einzige buddhistische Kloster Balis. Über mehrere Stufen zieht sich ein Garten mit Gebetshallen den Hang hinauf: Hier können Sie meditieren oder vom Tempel ganz oben den Blick bis zum Meer genie-

Kuren auf Indonesisch: Baden in den heißen Schwefelquellen von Banjar

ßen. Das Kloster bietet auch mehrtägige Meditationsaufenthalte.

DANAU BRATAN

(135 E3–4) (H–J3)

An der Straße von Singaraja nach Bedugul erstreckt sich rund 20 km südöstlich von Lovina der *Bratan-See*. Seine *Botanischen Garten (tgl. 7–18 Uhr | Eintritt 7000 Rp., Auto 12 000 Rp. | Kebun Raya Eka Karya)* sowie den *Bali Treetop Adventure Park (tgl. 8.30–18 Uhr | Eintritt 21 US-$)* besuchen. Nördlich des Sees liegt der *Bali Handara Kosaido Country Club (www.balihandarakosaido.com)* mit einem 18-Loch-Golfplatz, Hotel und Spa.

Idylle, die nur auf kleinen Pfaden zu erreichen ist: das Ufer des Tamblingan-Sees

Hauptattraktion ist der feenhafte *Pura Ulun Danu Bratan (tgl. 7–19 Uhr | Eintritt 30 000 Rp.)* aus dem 17. Jh., einer der wichtigsten Tempel und beliebtes Fotomotiv: Hinter einem schönen Garten liegt auf einer kleinen Insel der elfstufige Schrein, der der Seegöttin geweiht ist. In zahlreichen Zeremonien bitten die Balinesen hier um ausreichend Wasser für ihre Felder.

In der Nähe des Sees finden sich diverse Unterkünfte und Freizeitparks: In *Candikuning* können Sie den 154 ha großen

DANAU BUYAN UND TAMBLINGAN ★

(135 D3) (H2)

Als fruchtbares Herz Balis wird die Gegend um den Buyan- und Tamblingan-See bezeichnet, die einst einen einzigen großen Kratersee bildeten. Am nördlichen Rand führt eine Straße am Hochufer an Kaffeeplantagen vorbei. Am südlichen Ufer kann man zu Fuß bis zum Dorf *Munduk* laufen (25 km südlich von Lovina), das wunderschön zwischen Bergwäldern, Obstplantagen, Reis- und Tabakfeldern liegt. Ein Pfad 2 km östlich von Munduk führt zu einem Wasserfall. Wer die Natur länger genießen will, sollte in den INSIDER TIPP *Puri Lumbung Cottages (Tel. 0361 43 70 71 | www.purilumbung.com | €€)* übernachten, einem preisgekrönten Eco-Resort mit 23 Cottages aus alten Reisspeichern mit Blick bis zum Meer.

GITGIT-WASSERFALL (135 D2) *(🗺 H2)*
17 km südöstlich von Lovina stürzt Balis höchster Wasserfall rund 40 m in die Tiefe. Der betonierte Fußweg führt in ca. 10 Min. von der Straße nach Bedugul an allerlei Verkaufsständen und Obstbäumen vorbei zum natürlichen Pool *(tgl. 8–17 Uhr | Eintritt 10 000 Rp.)*.

SINGARAJA (135 D1) *(🗺 H1)*
Die alte Hauptstadt 10 km östlich von Lovina ist mit mehr als 120 000 Einwohnern die zweitgrößte Stadt der Insel. Von hier etablierten die Holländer ihre Herrschaft, wovon der alte Hafen und viele koloniale Bauten zeugen. Viel früher hatten sich bereits muslimische und chinesische Händler niedergelassen, die bis heute das Straßenbild mitprägen.
Der alte Palast *Puri Agung (tgl. 16–18 Uhr | Eintritt gegen Spende | Jl. Mayor Metra 12 | Tel. 0362 2 29 74)* der Könige von Buleleng wurde Anfang des 20. Jh. wiederaufgebaut und zeigt heute vor allem Bilder der Herrscherfamilie, deren Nachfahren noch hier wohnen. Das *Museum Buleleng (Mo–Do 7–15, Fr 7–11 Uhr | Eintritt 10 000 Rp. | Jl. Veteran 23)* etwa 200 m weiter nördlich erklärt die Geschichte der Region und das Leben des letzten Königs. Schräg gegenüber findet sich die 1928 von den Holländern gegründete Bibliothek *Gedong Kirtya (Mo–Do 7–14.30, Fr 7–12 Uhr | Eintritt 20 000 Rp. | Jl. Veteran 20)*, in der sich mehr als 3000 alte Schriften befinden – darunter kunstvolle Manuskripte aus Lontarblättern sowie koloniale Zeugnisse. Einige Kilometer östlich von Singaraja befinden sich mehrere beeindruckende Tempel: In den *Pura Dalem* von *Sangsit* und *Jagaraga* zeigt sich der frivolere Stil des Nordens in erotischen Szenen und Karikaturen, die auch moderne Elemente wie Autos miteinbeziehen.

NUSA LEMBONGAN

(137 D1) *(🗺 L–M 6–7)* ★ **Wer sich vom Rummel im Süden Balis ausruhen will, ist hier richtig: Auf der 4,5 x 2,5 km kleinen Insel 12 km östlich vor Sanurs Küste ist das Leben deutlich langsamer, außer ein paar Kleintransportern gibt es keine Autos.**
Obwohl sich die Zahl der neu gebauten Resorts in den letzten zehn Jahren vervielfacht hat, leben viele der rund 5000 Bewohner weiterhin hauptsächlich vom Seegrasanbau. Im Hauptdorf *Jungutbatu* gibt es eine kleine Klinik, eine Postannahmestelle und einen Bankautomaten, der allerdings oft nicht funktioniert. Im Dorf *Lembongan* können Sie ein *unterirdisches Haus (tgl. | Eintritt 20000 Rp.)* besichtigen. Auf der Insel sind insgesamt sieben kleine Tempel verteilt.
Ein lang gezogenes Riff im Nordwesten macht Nusa Lembongan zu einem beliebten Ziel für Surfer. Schnorchler und Taucher finden rund um die Nachbarinseln *Nusa Ceningan* und *Nusa Penida* schöne Korallenbänke. Im Nordosten bieten sich Entdeckungstouren durch die Mangroven an, während die versteckten Buchten im Süden Robinson-Gefühl vermitteln. Fast alle Unterkünfte liegen auf der Westseite der Insel – zum Teil mit spektakulären Ausblicken auf den Gunung Agung.

Am schnellsten kommt man von Sanur nach Nusa Lembongan *(öffentliche Fähre tgl. 10.30 Uhr, 90 Min. | 100 000 Rp.; Perama | tgl. 10.30 Uhr, 90 Min. | 140 000 Rp. | www.peramatour.com oder ab 175 000 Rp. in 30 Min. mit einem Schnellboot | Public Boat und private Anbieter | lembonganfastboats.com)*. Auch von Padang Bai und den Gilis *(gili-fast boat.com)* setzen Speedboote über.

Besonders schön ist der Blick auf Nusa Lembongan bei Sonnenuntergang

ESSEN & TRINKEN

Die meisten Unterkünfte betreiben kleine Cafés, im Dorf gibt es einfache *warungs*. Edler speisen kann man in den Hotelresorts im Südwesten.

THE BEACH CLUB AT SANDY BAY

Die kleine Bucht im Südosten der Insel ist perfekt, um nachmittags mit einem Drink am Pool zu chillen oder für ein romantisches Dinner am Abend (Abholservice). *Sandy Bay | Tel. 0828 97 00 56 56 | www.sandybaylembongan.com* | €€€

BLUE CORNER BAR

Blaue Sitzsäcke am Strand vor dem gleichnamigen, aus Naturmaterialien gebauten Tauchresort laden zu Tapas und Margaritas ein. Statt Betonmauern schützen Pflanzen den Strandabschnitt vor Erosion durch die Brandung. Müllrecycling. *Blue Corner Beach | nördlich von Jungutbatu | Tel. 0819 16 23 10 54* | €

FREIZEIT & SPORT

Direkt vor *Jungutbatu* gibt es drei populäre Surfspots – zur Freude der Strandbesucher, die so immer etwas zum Schauen haben. Alle Unterkünfte organisieren Bade- und Schnorcheltouren zu weiter entfernten Stränden. Um *Nusa Ceningan* und *Nusa Penida* sind die Tauch- und Schnorchelmöglichkeiten exzellent. Kurse bieten *World Diving (Pondok Baruna | Jungutbatu | Tel. 0812 3 90 06 86 | www.world-diving.com)* und *Big Fish (Secret Garden | Jungutbatu | Tel. 0813 53 13 68 61 | www.bigfishdiving.com)*, ein Unternehmen, das Initiativen zur Erhaltung der Korallenriffe unterstützt. Zur täglichen Entspannung bei Yogakursen in der Bambushütte lädt *Yoga Shack (Secret Garden | Jungutbatu | Tel. 0813 53 13 68 61 | www.yogashacklembongan.com)*. Um die Insel zu erkunden, mieten Sie am besten bei Ihrer Unterkunft ein Fahrrad oder Moped.

STRÄNDE

In Jungutbatu teilen sich Badende und Surfer den Strand mit Seegrasfarmern und Fischern. Vom *Coconut Beach* im Süden des Hauptstrands führt ein steiler Fußweg über die Felsen bis zur *Mushroom Bay,* die auch gut mit dem Boot erreichbar ist. Zur *Tamarind Bay,* der *Sandy Bay* und zum wildromantischen *Dream Beach* gelangt man über holperige Straßen vom Dorf Lembongan aus.

ÜBERNACHTEN

INSIDER TIPP CASTAWAY

Geschmackvoll eingerichtetes Villen-Resort, 200 m vom Strand entfernt. Pool, Massage- und Essensservice. *5 Villen, 8 Suiten | Mushroom Bay | Tel. 0822 36 90 18 56 |* €€

INDIANA KENANGA

Luxuriöses Boutiquehotel mit edlem Pool und Spa, exzellente französische Küche. *8 Suiten | Jungutbatu | Tel. 0366 55 93 71 | www.indiana-kenanga-villas.com |* €€€

PONDOK BARUNA

Eines der ältesten Hotels der Insel mit schlichten, sauberen Zimmern, Pool und angeschlossener Tauchschule. Gutes Strandrestaurant und netter Service. *22 Zi. | Jungutbatu | Tel. 0812 3 94 09 92 | www.world-diving.com |* €

ZIELE IN DER UMGEBUNG

NUSA PENIDA UND NUSA CENINGAN

(137 D–F 1–2) (*L–N 6–8*)

Auf der größeren Nachbarinsel *Nusa Penida* übernachten nur wenige Touristen, sie ist jedoch beliebt für Tauch- und Schnorchelausflüge. Auf der ehemaligen Sträflingsinsel wohnen überwiegend Moslems. Die meisten Balinesen meiden die Insel jedoch, denn der Legende nach lebt hier der böse Riese Jero Gede Mecaling. Ein- bis zweimal im Jahr bringen Boote aus Bali Opfergaben zum Tempelgeburtstag des *Pura Dalem Penataran Ped* in *Toyapakeh*, um den Dämon zu besänftigen. Zu Galungan gibt es eine große Prozession zur *Goa Karangsari*, einer riesigen Höhle 10 km südlich des Hauptorts *Sampalan*. Die *Friends of the National Parks Foundation,* die sich für den Schutz von Wildtieren und deren natürlichen Lebensraum engagiert, betreibt mitten im Vogelschutzgebiet ein *Besucherzentrum (Tel. 0828 97 60 86 96 | www.fnpf.org |* €*)* mit einem einfachen Gästehaus für freiwillige Helfer. Von Nusa Lembongan setzen öffentliche Fähren und Charterboote nach Toyapakeh über.

Zwischen Nusa Lembongan und Penida liegt die kleine *Nusa Ceningan*, die man über eine schmale Brücke von Nusa Lembongan aus zu Fuß, per Fahrrad oder Moped erkunden kann. Hier siedelten sich erst 2009 die ersten Cafés und Resorts an, u. a. INSIDER TIPP *Le Pirate Beach Club (10 Bungalows | Tel. 0361 48 72 40 | lepirate.com/nusa-ceningan |*

€) mit Restaurant. Ein Spaziergang zur *Blue Lagoon* an der Südspitze wird mit einem spektakulären Blick auf den Ozean belohnt.

PADANG BAI

(136 C6) (*M5*) **Für die meisten Reisenden ist das Fischerdorf Padang Bai (20 000 Ew.) nur eine Durchgangsstation auf dem Weg nach Lombok oder die Gilis.**

Ohne Zweifel dominieren die Fährterminals die Hauptbucht, doch gibt es auch Gäste, die hier ihren ganzen Urlaub verbringen. Das liegt vor allem an der entspannten Atmosphäre, den günstigen Unterkünften sowie den großartigen Tauchmöglichkeiten: Mehrere Korallenriffe direkt vor der Küste sowie die Inseln Nusa Penida und Nusa Ceningan im Süden versprechen spektakuläre Begegnungen mit der bunten Unterwasserwelt.

ESSEN & TRINKEN

OZONE CAFE

Als langjährige Institution beliebt bei Travellern wie Einheimischen. Zu kühlen Drinks gibt's Pizza und Livemusik. *Jl. Segara | Tel. 0363 4 15 01 |* €

TOPI INN

Das gemütliche Café bietet Frühstück mit Müsli, selbst gemachten Kuchen sowie ein balinesisches Buffet und Seafood am Abend. Lese- und Spielecke. *Jl. Silayukti 99 | Tel. 0363 4 14 24 | www.topiinn.nl |* €

FREIZEIT & SPORT

Padang Bai ist einer der wichtigsten Ausgangspunkte für Tauchtouren vor ganz Bali. Zahlreiche Unternehmen bieten am Hauptstrand Kurse an, empfehlenswert sind die deutsche Tauchschule *Paradise Diving Indonesia (Jl. Silayukti 9 Bi | Tel. 0811 39 35 15 | www.divingbali.de)* und *Water Worx (Jl. Silayukti | Tel. 0363 4 12 20 | www.waterworxbali.com)*. Fischtouren mit einem traditionellen Boot organisiert *Pak Lulu (Tel. 0813 37 76 80 77)*.

STRÄNDE

Der Hauptstrand von Padang Bai lädt eher dazu, den Fähren und Tauchbooten zuzusehen, als zu schwimmen. Schöne Strände zum Baden und Schnorcheln sind der *Blue Lagoon Beach* auf der anderen Seite des Hügels östlich des Hauptstrands sowie der „kleine Strand" *Bias Tugal,* meist *White Sand Beach* genannt, der über einen Fußweg am Hügel westlich vom Fährhafen in 15 Min. zu erreichen ist (Vorsicht: Die Strömung ist hier stark!).

ÜBERNACHTEN

BLOO LAGOON VILLAGE

Das familienfreundliche Eco-Resort direkt über dem Blue-Lagoon-Strand punktet mit geräumigen Villen, Pool, Spa und einem Biorestaurant. *24 Villen | Tel. 0363 4 12 11 | www.bloolagoon.com |* €€€

INSIDER TIPP DEWI VILLA

Sehr saubere und kostengünstige Travellerunterkunft mit Pool am Hang vor dem Ortseingang. Das freundliche Personal bietet auch einen Shuttleservice. *10 Zi. | Jl. Raya Padangbai, km 1,1 | Tel. 0813 38 62 97 77 |* €

OK DIVERS RESORT

Zur schicken Anlage im Kolonialstil gehören Pool, Spa und eine sehr populäre Restaurantbar. *30 Zi. | Jl. Silayukti 6 | Tel. 0811 3 85 88 25 | www.okdiversresort.com |* €€

Blick von der Gerichtshalle Kerta Gosa zum Bale Kembang in Klungkung

ZIELE IN DER UMGEBUNG

GOA LAWAH (136 C6) (*M5*)

5 km westlich von Padang Bai liegt die „Fledermaushöhle" mit einem der sechs heiligsten Tempel Balis. Zur Abenddämmerung schwärmen die Fledermäuse mit ohrenbetäubendem Lärm aus der Höhle, die wie der Tempel mit einer dicken Schicht ihrer Exkremente bedeckt ist. *Tgl. 8–18 Uhr | Eintritt 15 000 Rp.*

KLUNGKUNG (SEMARAPURA) (136 B6) (*L5*)

Das Marktstädtchen (16 km) mit 57 000 Einwohnern war einst Hauptsitz der ersten hinduistischen Könige von Bali. Als der Thronfolger des mächtigen Majapahit-Reichs im 15. Jh. vor muslimischen Eroberern aus Java fliehen musste, ließ er sich in Gelgel bei Klungkung nieder und ernannte sich zum Herrscher von Bali. 1710 verlegte die Gelgel-Dynastie ihren Sitz nach Klungkung. Von der einstigen Pracht zeugen nur noch ein Palasttor, die alte Gerichtshalle Kerta Gosa sowie das Bale Kembang („schwimmender Pavillon"), die heute im *Taman Gili (tgl. 8–18 Uhr | Eintritt 12000 Rp.)* zu besichtigen sind. Vor allem die *Kerta Gosa* mit ihren kunstvollen Deckenmalereien im *Wayang*-Stil ist beeindruckend: Unter Darstellungen von himmlischen Freuden und höllischen Strafen wurde hier bis 1950 Recht gesprochen. Das größere *Bale Kembang* diente zuletzt als Wartehalle des Gerichts. Die Fresken stellen Szenen aus Mythen und Legenden sowie das balinesische Alltagsleben in früherer Zeit dar. Der Rest des Palasts wurde bei der Eroberung der Holländer 1908 zerstört. Das *Puputan-Denkmal* vor dem Komplex erinnert daran, dass der gesamte Hofstaat damals rituellen Selbst-

Tauchern offenbaren sich bizarre Unterwasserwelten an Balis Nordwestküste

mord beging, um der Kolonialisierung zu entgehen. Zum Taman Gili gehört das Museum *Semarajaya*, in dem die Geschichte, aber auch das Alltagsleben bis heute dokumentiert ist.

2010 eröffnete der Künstler *Nyoman Gunarsa* rund um sein Studio 3 km westlich von Klungkung das nach ihm benannte *Museum (tgl. 9–17 Uhr | Eintritt 25 000 Rp. | Jl. Petigaan Banda 1 | Takmung),* das eines der größten Kunstmuseen Balis ist.

PEMUTERAN

(132–133 C–D2) (*C2*) **Das Fischerdorf an der Nordwestspitze Balis liegt am Rande des Nationalparks von Westbali und hat sich zu einem exklusiven Ziel für Schnorchler, Taucher und Naturliebhaber entwickelt.**

An den ruhigen Stränden finden sich meist gehobene Resorts mit Rundumservice: Fast jedes Hotel hat ein Restaurant, ein Spa, eine eigene Tauchschule und organisiert Touren in den Nationalpark. Einige günstigere Homestays liegen im Dorf. Sehr erfolgreich ist das weltgrößte Projekt zur Besiedelung künstlicher Korallenriffe vor Pemuteran, bei dem die Dorfbewohner mit Hotelbesitzern und Wissenschaftlern zusammenarbeiten. Das Tauchzentrum *Reef Seen Aquatics (Tel. 0362 93001 | www.reefseen.com)* betreibt zudem eine Schildkrötenstation.

ESSEN & TRINKEN

INSIDER TIPP CAFÉ BALI BALANCE

Selbst gebackenes Vollkornbrot und leckere Kuchen, frische Säfte und Salate. Vom Erlös wird ein lokales Schulprojekt unterstützt. *Jl. Raya Singaraja-Gilimanuk | Banyupoh | Tel. 0853 37455454 | www.bali-balance.com |* €

ÜBERNACHTEN

MATAHARI BEACH RESORT

Luxuriöse Hotelanlage in toller Strandlage, mit preisgekröntem Restaurant, exzellentem Spa, Pool und diversen Freizeitangeboten. Der Betrieb unterstützt verschiedene Sozialprojekte, die

Kindern und Senioren im Dorf zugutekommen. *32 Zi. | Tel. 0362 9 23 12 | www.matahari-beach-resort.com* | €€€

INSIDERTIPP **THE MENJANGAN**
Zwischen Mangroven und Urwald versteckt sich das Eco-Resort mit Pool, Spa und Panoramarestaurant – mit natürlichen Materialien erbaut und an die Umgebung angepasst. Gutes Tourenangebot. *23 Bungalows | Jl. Raya Gilimanuk-Singaraja, km 17 | Desa Pejarakan | Tel. 0362 9 47 00 | www.themenjangan.com* | €€€

PONDOK SARI BEACH RESORT
Ein Garten mit Lotosteichen umgibt die 35 Bungalows mit Open-Air-Bad – das Wasser wird umweltschonend aufbereitet –, Restaurant, Pool, Spa und deutschsprachiger Tauchschule. *Tel. 0362 9 47 38 | www.pondoksari.com* | €€

SUKASARI HOMESTAY
Familiengeführte Bungalowanlage 3 Min. vom Strand, authentisches Restaurant und schöner Garten. *6 Zi. | Tel. 0813 38 26 28 29 | sukasaripemuteran.com* | €

ZIELE IN DER UMGEBUNG

PULAU MENJANGAN ★
(132 B1) *(🗺 B1)*
Die unbewohnte Insel am Nordwestzipfel des Nationalparks gilt als das beste Tauchrevier Balis mit einer außergewöhnlichen Vielfalt an Korallen und Fischen. Auf Könner warten steil abfallende Riffe und ein Schiffswrack. Anfänger sowie Schnorchler kommen dank des Korallenschutzprojekts auch in Strandnähe auf ihre Kosten. Auf der Insel steht Balis angeblich ältester, original erhaltener Tempel *Pura Gili Kencana*, der aus dem 14. Jh. stammen soll, als das javanische Majapahit-Reich noch große Teile des heutigen Indonesiens beherrschte.

PURA AGUNG PULAKI (133 D2) *(🗺 C2)*
Der Küstentempel, 5 km westlich von Pemuteran, wurde 1983 vor einer dramatischen Kulisse aus Klippen und Dschungel wiederaufgebaut und erinnert an die Ankunft des javanischen Hindu-Priesters Nirartha auf Bali im 16. Jh. Der Pura Agung Pulaki ist umringt von drei weiteren Tempeln und heute vor allem berühmt-berüchtigt für die Horden von Affen, die dort als Wächter hausen. *Tgl. 8–18 Uhr | Eintritt gegen Spende*

TAMAN NASIONAL BALI BARAT
(132–133 A–F 2–5) *(🗺 A–F 2–4)*
Über 19 000 ha zieht sich der 25 km entfernte Westbali-Nationalpark von den Korallenriffen im Nordwesten über Mangroven und Trockengebiete bis zu den Bergwäldern auf den Vulkanausläufern. 160 verschiedene, teils sehr seltene Vogelarten leben hier, außerdem Affen, wilde Büffel, Zwerghirsche, Warane und Schlangen. Wer nur auf der Hauptstraße hindurchfahren oder zum Schnorcheln an den Strand will, kann dies auf eigene Faust tun. Für Jeep-, Boots- oder Trekkingtouren *(Eintritt 200 000 Rp.)* müssen Sie auf die Dienste eines registrierten Führers zurückgreifen. Die meisten Trecks starten im Besucherzentrum von *Labuhan Lalang*, wo auch die Boote nach Pulau Menjangan ablegen.

SANUR

(139 D4) *(🗺 J–K 6–7)* **Als ruhiger Gegenpol zu Kuta ist Sanur (40 000 Ew.) besonders für den Familienurlaub geeignet.**
Das Meer ist so ruhig und flach, dass auch Kinder darin planschen können, schwimmen ist dagegen nur bei Flut möglich. Ein gepflasterter Weg zieht sich den ganzen Strand entlang, der

von Strandbars und Cafés gesäumt ist. Dahinter öffnen sich die üppigen Gärten der Hotelanlagen mit ihren Pools. Im Norden steht das einzige Hochhaus Balis, in dem heute das Inna Grand Bali Beach Hotel untergebracht ist. Angesichts der Verschandelung verbot die Regierung zum Glück weitere Hochbauten. An der langen *Jl. Danau Tamblingan* liegen viele schöne Läden und gute Restaurants. Das spektakuläre *Drachenfestival* im Norden von Sanur zieht jeden Juni/Juli zahlreiche Besucher an, genauso wie das *Sanur Village Festival* mit Kunstmärkten, traditionellen Aufführungen, Musik und Wassersportaktivitäten, das im August stattfindet.

SEHENSWERTES

MUSEUM LE MAYEUR

Der belgische Maler Adrien-Jean Le Mayeur – „Indonesiens Gauguin" – lebte von 1932 bis kurz vor seinem Tod 1958 in Bali. Das Museum in seinem ehemaligen Wohnhaus zeigt sein Werk mit vielen Porträts seiner Frau Ni Pollock, einer Tänzerin. Der Museumsshop verkauft Kunst und Kunsthandwerk. *Mo–Sa 9–15 Uhr | Eintritt 20 000 Rp. | am Strandweg nahe Jl. Hang Tuah*

ESSEN & TRINKEN

CAFE BATU JIMBAR

In schlichtem Designambiente gibt es frische Säfte, selbst gemachte Kuchen und vegetarische Gerichte, sonntags mit Biomarkt. *Jl. Danau Tamblingan 75A | Tel. 0361 28 73 74 | €€*

RISTORANTE MASSIMO

Dieser klassische Italiener ist ein Dauerbrenner: sehr gute Pizza, Antipasti und Gelati, perfekter Service. *Jl. Danau Tamblingan 206 | Tel. 0361 28 89 42 | €€*

PREGINA

Das Lokal ist schlicht, aber geschmackvoll eingerichtet, die balinesischen Gerichte sind ausgezeichnet und günstig. *Jl. Danau Tamblingan 106 | Tel. 0361 28 33 53 | €*

INSIDER TIPP WARUNG SANTAI

Das freundliche, kleine Bistro serviert Biogerichte mit drei verschiedenen Reissorten zur Auswahl, außerdem leckere Wraps, Salate und Kuchen. *Jl. Danau Tandakan 9 | Sindhu | Tel. 0361 27 13 90 | €*

EINKAUFEN

Der gesamte Strandweg ist gesäumt mit Souvenirshops.

INSIDER TIPP FORUM FAIR TRADE INDONESIA

Kunsthandwerk, Recyclingprodukte und lokale Biolebensmittel nach Fair-Trade-Standard. *Jl. Bypass Ngurah Rai | Sanur Kaja | forumfairtradeindonesia.org*

MANIK ORGANIK

Hier erstehen Sie Biolebensmittel, Naturkosmetik, Recyclingtaschen sowie Meditations- und Yogazubehör. Zudem werden Frühstückstreffen mit Umweltorganisationen veranstaltet. *Jl. Danau Tamblingan 85 | www.manikorganikbali.com*

NOGO BALI

Kleider, Dekor und Accessoires aus handgewebten Baumwollstoffen, die auch nach Kundenwünschen angefertigt werden, sowie antike *ikat. Jl. Danau Tamblingan 104 | www.nogobali.com*

SUARTI MAESTRO

Als „tragbare Kunst" bezeichnet Balis „Silver-Queen" Suarti ihren Schmuck, der sich an alten indonesischen Vorbildern orientiert. *Jl. Nusa Indah 88 | suarti.com*

FREIZEIT & SPORT

Die meisten Unterkünfte vermitteln Angel- oder Schnorcheltouren in Balis Süden. Die Surfspots vor Sanur sind nicht so spektakulär wie auf der Westseite der Insel. Gute Tauchkurse gibt es bei den *Crystal Divers (Jl. Danau Tamblingan 168 | Tel. 0361 28 67 37 | www.crystal-divers.com)*. Zu den großen Hotels gehören meist Tennisplätze, das *Inna Grand Bali Beach Hotel (Jl. Hang Tuah Sanur | www.innagrandbalibeach.com)* kann sogar mit einem Neun-Loch-Golfplatz auftrumpfen. Entspannung bietet das *Jamu Traditional Spa* im Tandjung Sari Hotel *(Jl. Danau Tamblingan 41 | Tel. 0361 28 65 95 | www.jamutraditionalspa.com)* mit natürlichen, lokalen Produkten. Im Bambusstudio der *Power of Now Oasis (Jl. Retro Beach | Mercure Resort | Tel. 0813 38 31 50 32 | powerofnowoasis.com)* können Sie an Yogaklassen und Meditationen teilnehmen.

AM ABEND

Zu den größeren Hotels gehören schicke Cocktailbars, viele Strandcafés unterhalten mit Livemusik.

ARENA PUB & BAR

Sehr beliebt bei den auf Bali lebenden Ausländern ist diese deutsch-österreichische Restaurantbar mit Live-Sportübertragungen, Mittwoch Quiz-Nacht, Freitag Livemusik und Billard. *Tgl. 12–1 Uhr | Bypass Ngurah Rai 115*

CASABLANCA

In der beliebten Bar mit großer Cocktailauswahl spielen jeden Abend ab 21 Uhr einheimische Bands. *Tgl. 11–1 Uhr | Jl. Danau Tamblingan 120*

TKS BAR

Kleine Bar mit großartigen Mottopartys, Asian Fusion-Cuisine, Drinks und inter-

Sanur mit seinem Palmenstrand bietet beste Voraussetzungen für einen Badeurlaub

nationalen DJs. *Tgl. 16–3 Uhr | Jl. Danau Toba 11*

ÜBERNACHTEN

INSIDER TIPP FLASHBACK'S

Kleine, geschmackvolle Anlage mit schönen Bungalows und einer Suite, Minipool und Café, 5 Min. zum Strand. *9 Zi. | Jl. Danau Tamblingan 106 | Tel. 0361 28 16 82 | www.flashbacks-chb.com | €–€€*

Eine Strandpagode spendet am Sanur Beach stilvoll Schatten

INSIDER TIPP KOLONIAL HOUSE

Sehr hübsches Gästehaus im Kolonialstil, mit großem Pool. Ruhige Lage nur 200 m vom Mertasari Beach *Jl. Sekar Waru 20 | Tel. 0361 9 38 12 39 | www.kolonialhouse.com | €*

KLUMPU BALI RESORT

Acht charmante Bungalows im Reisspeicherstil mit eigener Küche um einen Pool mit Spa im tropischen Garten. Mit dem (Gästen zur Verfügung stehenden) Rad 5 Min. zum Strand. *Jl. Kesari 16b | Tel. 0811 203 04 02 | www.klumpu.com | €€*

PURI SANTRIAN

Komfortable Hotelanlage mit Privatstrand und Beachclub, Pool, Spa und sehr gutem Restaurant. *182 Zi. | Jl. Pantai Sanur | Tel. 0361 28 80 09 | www.santrian.com/puri | €€–€€€*

TANDJUNG SARI

Die nostalgische Bungalowanlage mit kunstvollem Dekor zählte in den 1960er-Jahren zu Balis ersten Strandhotels. Pool, Spa, Restaurant und Leselounge. *26 Bungalows | Jl. Danau Tamblingan 41 | Tel. 0361 28 84 41 | www.tandjungsarihotel.com | €€€*

THE ZEN VILLAS

Elf luxuriöse Ferienvillen mitten im Ort, die über eine eigene Küche und einen Privatpool verfügen. *Jl. Kesari 2 No. 3 B | Sanur | Tel. 0361 28 61 29 | www.thezenvillas.com | €€€*

ZIELE IN DER UMGEBUNG

BALI SAFARI & MARINE PARK

(139 E3) (*🗺 K6*)
Der populäre Safaripark 23 km nordöstlich von Sanur beherbergt mehr als 50 zum Teil bedrohte Tierarten, darunter Weiße Tiger, Komodowarane und Sumatra-Elefanten. Die Besucher fahren mit einem Truck durch den offenen Zoo, der internationalen Standards entspricht. Wasser- und Funpark, Restaurant und Hotel. *Tgl. 9–17 Uhr | Eintritt ab 39 US-$ | Jl. Bypass Dr. Ida Bagus Mantra, km 19,8 | Gianyar | www.balisafarimarinepark.com*

BENOA (138–139 C–D5) (*🗺 J7*)
Im Süden Sanurs liegt Balis wichtigster Hafen Labuhan Benoa, den die Holländer anlegten. Frachtschiffe landen hier genauso wie die Pelni-Passagierschiffe, die alle Teile Indonesiens anlaufen. Von hier setzen auch Schnellboote nach Nusa Lembongan und zu den Gilis über.

PULAU SERANGAN (139 D5) (*🗺 J7*)
Seinen Namen verdankt das Eiland den Meeresschildkröten, die hier einst zahlreich ihre Eier ablegten. Heute muss man Glück haben, um außerhalb des vom WWF unterstützten ● *Turtle Conservation and Education Center (tgl. 8–17 Uhr | Spende erbeten)* (Achtung: Es gibt schlechte Nachahmer!) eines der bedrohten Tiere zu entdecken, denn sie werden trotz Verbot gejagt. Der Süden des 73 ha kleinen Eilands ist von einsamen Palmenstränden gesäumt, im Norden steht der eher unscheinbare Tempel *Pura Sakenan*. Zu wichtigen Zeremonien wird er von Prozessionen aufgesucht, die die Meeresgötter beruhigen sollen. Die Insel ist mit dem Mangrovengürtel südlich von Sanur durch eine Brücke verbunden, von *Tanjung Benoa* aus werden Bootstouren angeboten.

SEMINYAK

(138 C4) (*🗺 H7*) ★ **Als Kuta noch ein Dorf und Denpasar weit weg war, bauten die Reichen und Schönen ihre schmucken Villen in die Reisfelder des Örtchens Seminyak.**
Heute geht der Ort (offiziell 8000 Ew.) im Norden nahtlos in Denpasars Stadtteil Kerobokan und Canggu über, während die Grenze zu Legian die frühere Ausgehstraße Jalan Arjuna bildet. An der *Kayu Aya*, dem ehemaligen Strandweg zum Hotel Oberoi, reihen sich Restaurants und Boutiquen aneinander. Dennoch ist Seminyak völlig anders als Kuta und Legian – alles ist hier ein bisschen schicker, exklusiver und teurer. Strand und Wellen sind ebenso schön wie in Kuta, und die Strandbars glänzen im neuesten Design. Inzwischen hat der Bauboom längst auch die Nachbardörfer *Petitenget, Batubelig* und das Surferparadies *Canggu* erfasst. Doch immer noch findet sich hier manches Resort mitten in Reisfeldern, und der Strand ist leer genug, um am Spülsaum entlangzureiten.

ESSEN & TRINKEN

INSIDER TIPP **BIKU**
Die antike Einrichtung und das Kuchenbuffet des Teehauses mit Buchladen versprechen gemütliche Nachmittage. Viele Gerichte werden mit Zutaten aus biologischem Anbau zubereitet. *Jl. Raya Petitenget 88 | Kerobokan | Tel. 0361 8 57 08 88 | www.bikubali.com* | €€

INSIDER TIPP **GIPSY FISH**
Kleines, sehr sauberes Restaurant, das eine tolle Auswahl an Fischgerichten auf der Karte hat. *Jl. Raya Seminyak 17, Bali Bintang Supermarket Square | Tel. 0856 3 71 80 47* | €–€€

LA LUCCIOLA
Das luftige, zweistöckige Strandrestaurant bietet Brunch und feine italienische Küche. *Jl. Pura Telaga Waja | Petitenget | Tel. 0361 73 08 38 |* €€€

MAMASAN
Restaurant und Lounge im Stil der 1920er-Jahre mit feinen Asia-Menüs des gefeierten Küchenchefs Will Meyrick. *Jl. Raya Kerobokan 135 | Kerobokan | Tel. 0361 73 94 36 | www.mamasanbali.com |* €€€

MERAHPUTIH
Experimentelle indonesische Küche in edlem Ambiente. *Jl. Petitenget 100x | Kerobokan | Tel. 0361 8 46 59 50 | www.merahputihbali.com |* €€–€€€

EINKAUFEN

DOWN TO EARTH
Der vegetarische Biosupermarkt mit angeschlossenem Café und Restaurant bietet auch einen Lieferservice. *Jl. Laksmana 99 | www.downtoearthbali.com*

JEMME
Schmuck des britischen Designers Luke Stockley, teils inspiriert von balinesischen Motiven; edle Fusionküche im angeschlossenen Restaurant. *Jl. Raya Petitenget 28 | Kerobokan | www.jemmebali.com*

NILUH DJELANTIK
Bekannte balinesische Schuhdesignerin, bei der auch schon Cameron Diaz

BÜCHER & FILME

Erdentanz – In ihrem Roman erzählt Oka Rusmini, wie drei Frauengenerationen einer Familie unter dem Kastensystem Balis lieben, leben und leiden (2007, Taschenbuchausgabe 2015)

Gebrauchsanweisung für Bali – Thomas Blubacher fährt über Bali, Lombok und die Gilis und erklärt kulturelle und menschliche Besonderheiten (2015)

Liebe und Tod auf Bali – Vicki Baum schildert anhand einer fiktiven Liebesgeschichte die Ereignisse, die 1906 zum rituellen Selbstmord des Fürstenhofs von Badung führten (2007)

Reise nach Bali – Der „Kulturkompass fürs Handgepäck" bietet eine Sammlung vielfältiger Texte zur Geschichte, Glaubenswelt und dem Alltag Balis (2007, 2. Aufl. 2015)

Cowboys in Paradise – Der Regisseur Amit Virmani begleitete die Bali Beach Boys bei ihrer ständigen Suche nach ausländischen Freundinnen (2009)

Eat, Pray, Love – Der Hollywoodfilm mit Julia Roberts nach dem Bestseller von Elizabeth Gilbert wurde u. a. auf Bali gedreht (2010)

Insel der Dämonen – In dem Klassiker von 1933 verwob Friedrich Dalsheim Alltagsleben und Mythen zu einer Mischung aus Dokumentar- und Spielfilm, für den Walter Spies seine berühmte Version des *kecak*-Tanzes inszenierte

Sacred & Secret – Das geheime Bali – Der Schweizer Filmemacher Basil Gelpke dokumentiert das Leben auf Bali aus Sicht des Prinzen Tjokorda Raka Kerthyasa (2010)

und Gisele Bündchen shoppten. *Jl. Raya Kerobokan 144 | Kerobokan | www.niluhdjelantik.com*

SEMINYAK VILLAGE SHOPPING MALL

Modernes Einkaufszentrum mit viel Food und Fashion und guter Auswahl an Strand- und Surfmode. *Jl. Kayu Jati 8 | www.seminyakvillage.com*

FREIZEIT & SPORT

Wie in Kuta dreht sich in Seminyak fast alles um Strand und Surfen. Einen Surfkurs können Sie bei der *Bali Green Surf School (Jl. Drupadi 2 | Tel. 0819 99 41 22 | www.baligreensurf.net)* belegen.

Für Entspannung sorgen zahlreiche Wellnessangebote. Gönnen Sie sich einen Tag im energieeffizienten INSIDER TIPP *Eastern Garden Martha Tilaar Spa (Jl. Camplung Tanduk 5a | Tel. 0361 73 16 48 | www.marthatilaarspa.com)* mit diversen fernöstlichen Therapien und Naturprodukten. Im imposanten *Prana Spa (Jl. Kunti 118x | Tel. 0361 73 08 40 | pranaspabali.com)* gibt es exquisite Behandlungen und Yoga im Dekor von 1001 Nacht: von Ayurveda über balinesischen Kräuterscrub und Reflexologie bis zum türkischen Dampfbad. Etwas günstiger ist der Wellnesstag im mediterranen Ambiente von *Bodyworks (Jl. Kayu Jati 2 | Petitenget | Tel. 0361 73 33 17 | www.bodyworksbali.com)* mit einer großen Auswahl an Massage- und Körperpflegeprogrammen.

Im Norden von Canggu kann man schöne Reitausflüge am Strand und durch die Reisfelder unternehmen *(Island Horse Riding | Tel. 0361 8 46 96 16 | www.baliislandhorse.com)*.

In Seminyaks Beachbars sind die Tropennächte lang

AM ABEND

HU'U

Schicke Restaurantbar im romantischen Setting um einen Pool, internationale Bands und DJs. *So–Do 11–1, Fr/Sa 11.30–3 Uhr | Jl. Laksmana | Petitenget*

JENJA BALI
Futuristisch eingerichtete Bar, großartige Cocktails, internationale DJs. Das gleichnamige Restaurant serviert Leckereien aus Nahost. *Mi–Sa bis 4 Uhr | Townsquare Suites, Jl. Nakula 18*

KU DÉ TA
In der Designlounge am Strand des Oberoi-Hotels gibt es australische Fusionküche, exzellente Cocktails und coole Musik. *Tgl. bis 24 Uhr | Jl. Kayu Aya 9*

POTATO HEAD
Schicker, mehrstöckiger Beachclub in außergewöhnlichem Design mit riesiger Poolbar und zwei gefeierten Restaurants, internationale Bands. *Tgl. 11–2 Uhr | Jl. Petitenget 51b*

SINGLE MALT BAR
Jeden Abend anders: Jazz-Piano, Lady's Night oder Funky DJ, dazu Balis größte Whiskyauswahl. *Tgl. bis 1 Uhr | IZE Hotel | Jl. Kayu Aya | short.travel/bal9*

ÜBERNACHTEN

VILLA BLUBAMBU
Schicker Homestay mit zwei Pools und Spa-Service im schönen Garten. *4 Villen | Jl. Abimanyu | Gang Melon | Tel. 0361 73 21 91 | www.villablubambu.com | €€€*

Die Schreine des Taman Ayun zeichnen sich durch imposante Dachkonstruktionen aus

DESA SENI
Eco-Resort inmitten von Reisfeldern mit antiken Holzbungalows, Pool, Spa und Biorestaurant. Kunst- und Yogakurse, 10 Min. zum Strand. *12 Bungalows | Jl. Subak Sari 13 | Pantai Berawa | Canggu | Tel. 0361 8 44 63 92 | www.desaseni.com | €€–€€€*

LUNA2 STUDIOTEL
Ultramodernes Strandhotel im Pop-Art-Design der 1960er-Jahre. Restaurant, Bar, Pool, Spa, eigener Weinkeller und Privat-

kino. *14 Zi. | Jl. Sarinande 22 | Tel. 0361 73 04 02 | www.luna2.com | €€€*

INSIDER TIPP SERENITY ECO GUEST-HOUSE

Familiäres Gästehaus mit Recyclingkonzept, Permakulturgarten, schönem Pool und Yoga-Studio. *5 Zi., 6 Schlafsaalbetten | Jl. Nelayan | Canggu | Tel. 0361 8 46 92 57 | serenityecoguesthouse.com | €*

TONY'S VILLAS & RESORT

Versteckte, strandnahe Hotelanlage im modernen Bali-Stil, Restaurant, Bar, Pool, Spa. *40 Zi., 22 Bungalows, 9 Poolvillen | Jl. Petitenget | Kerobokan | Tel. 0361 4 73 89 17 | www.balitonys.com | €€*

ZIELE IN DER UMGEBUNG

BALI BIRD PARK (139 D3) *(J6)*

Im Vogelpark rund 25 km nordöstlich von Seminyak flattern 250 verschiedene exotische Vogelarten. Integriert ist ein dschungelartiger Reptilienpark mit Schlangen, Echsen und Komodowaranen. *Tgl. 9–17.30 Uhr | Eintritt 32,50 US-$ | Jl. Serma Cok Ngurah Gambir Singapadu | Batubulan | www.bali-bird-park.com*

GUNUNG BATUKARU ★
(134–135 C–D4) *(G–H 3–4)*

Der zweithöchste Vulkan Balis (2276 m) gilt als Reiskammer der Insel. Auf der Südseite liegen die spektakulären *Reisterrassen von Jatiluwih,* von denen Sie bei klarer Sicht bis zum Meer blicken können. Westlich davon (ca. 50 km von Seminyak) findet sich auf 825 m Höhe der *Pura Luhur Batukaru (tgl. 6–18 Uhr | Eintritt 20000 Rp.),* einer der sechs heiligsten Tempel. Versteckt im Wald liegt die verwunschen wirkende Anlage, die als Ahnentempel für den Hof von Tabanan dient und deren Ursprünge ins 11. Jh. zurückgehen. Ein Hindu-Geistlicher aus Java soll das Heiligtum gegründet haben, um hier die die Geister der Bratan-, Buyan- und Tamblingan-Seen zu verehren. Ein siebenstufiger Schrein ist dem Berggott Maha Dewa gewidmet. Heute dient die Anlage als Ahnentempel für den Hof von Tabanan. Wer den Berg näher erkunden will, kann sich in der INSIDER TIPP *Sarinbuana Eco-Lodge (5 Bungalows | Tel. 0828 97 00 60 79 | baliecolodge.com | €€)* einmieten.

MENGWI (138 C2) *(J5)*

1634 ließ der König von Mengwi den *Pura Taman Ayun* als Familienheiligtum errichten. Die zweitgrößte Tempelanlage Balis liegt rund 25 km nördlich von Seminyak in einem schönen, weitläufigen Garten, der von einem Wassergraben voller Lotosblumen umgeben ist. Der Wassertempel ist ein Kernstück des ausgeklügelten *Subak*-Systems, nach dessen demokratischen und naturverbundenen Prinzipien die Bewässerung der Reisfelder in Bali geregelt wird. Eine Brücke führt zum gespaltenen Eingangstor des Tempels. Der innerste der drei Höfe darf nur bei wichtigen Zeremonien betreten werden, doch über die Außenmauer lässt sich ein Blick auf die Heiligenschreine erhaschen. *Tgl. 8–17 Uhr | Eintritt 15 000 Rp.*

NEGARA (132 C4–5) *(C3–4)*

Die Hauptstadt von Jembrana (80 000 Ew., rund 100 km westlich), der am dünnsten besiedelten Region Balis, ist vor allem bekannt für ihre Büffelrennen *(mekepung),* die in der Trockenzeit abgehalten werden. Die Region hat wenig touristische Infrastruktur außer am Strand von *Medewi,* der gut zum Surfen geeignet ist.

PURA TANAH LOT (138 B3) *(H6)*

Wenn die Sonne hinter dem malerischen Meerestempel Tanah Lot (15 km nordwestlich) untergeht, klicken Hunderte von Kameras: Kein anderes Motiv auf Bali ist so beliebt. Dementsprechend groß ist auch die Zahl der Händler und Guides, sodass der Weg vom Parkplatz zum Felsen, auf dem der Tempel liegt, für Besucher zum Spießrutenlauf werden kann. Wer stattdessen am frühen Morgen kommt, kann den heiligen Ort tatsächlich genießen. In einer Höhle unter dem Felsen bewachen Seeschlangen, die als heilig verehrt werden, den Tempel. *Tgl. 7–19 Uhr | Eintritt 30 000 Rp.*

TABANAN (138 B2) (*H5*)
Die Kleinstadt 35 km nordwestlich von Seminyak beherbergt Balis *Subak-Museum (tgl. 8–17 Uhr | 15 000 Rp.)*, das die Kultivierung und Bewässerung der Reisfelder erklärt. 6 km nördlich von Tabanan liegt der *Butterfly Park (tgl. 8–17 Uhr | Eintritt 85 000 Rp.)*, in dem Hunderte exotische Schmetterlingsarten herumflattern.

UBUD

(139 D2) (*J–K5*) ★ **Das kulturelle und spirituelle Zentrum Balis (70 000 Ew.) liegt zwischen saftigen Reisterrassen und dramatischen Schluchten. Schon im 8. Jh. erklärte ein buddhistischer Mönch den Ort Campuan heilig.**

WOHIN ZUERST?
Kreuzung vor dem Ubud Palace: Dies ist der Mittelpunkt Ubuds, hier liegen auch der Markt und die zentrale Touristeninformation. In den Süden führt die Jl. Monkey Forest an unzähligen Boutiquen und Cafés vorbei bis zum Affenwald. Folgen Sie der Jl. Ubud Raya in den Westen, gelangen Sie nach 100 m zum Puri Lukisan, nach etwa 800 m zum Blanco-Museum und nach einem weiteren Kilometer zum Neka-Museum.

Im 19. Jh. ließ sich ein Zweig der Sukawati-Dynastie in Ubud nieder und baute einen Palast. Prinz Cokorda Gede Agung Sukawati gründete in den 1930er-Jahren gemeinsam mit dem Deutschen Walter Spies und dem Holländer Rudolf Bonnet die berühmte Pita-Maha-Schule für Malerei und hielt auch später die Türen offen für westliche Künstler und Intellektuelle, was der lokalen Kunstszene bis heute zu außergewöhnlicher Bedeutung verhalf. Eine neuere Entwicklung ist der spirituelle Tourismus: An jeder Ecke werden Yoga- und Meditationskurse angeboten, die Verpflegung mit Biolebensmitteln

VULKANE

In Indonesien gibt es 128 aktive Vulkane, von denen 65 als gefährlich gelten. Die mehr als 17 000 Inseln des Archipels liegen wie an einer Kette aufgereiht genau auf dem „Pazifischen Feuerring", an dem drei tektonische Platten zusammenstoßen, was häufig zu Erdbeben führt. Der verloschen geglaubte Gunung Agung, mit 3142 m der höchste Berg Balis, brach zuletzt 1963 aus und riss mehr als tausend Menschen in den Tod. Auch der kleinere Gunung Batur ist noch aktiv. Der Gunung Rinjani auf Lombok ist mit 3726 m der zweithöchste Vulkan des Lands. Bei seinem letzten Ausbruch 2015 wurde niemand verletzt.

ist inzwischen selbstverständlich. Einmal im Jahr beim *Bali Spirit Festival (www.balispiritfestival.com)* verwandelt sich Ubud in ein internationales Yogacamp mit viel Tanz und Musik.
Heute umfasst Ubud längst auch die Nachbarorte von *Campuan* bis *Tebesaya*. An der langen *Jl. Monkey Forest* drängen sich Läden, Restaurants und Hotels, und der Verkehr wirkt trotz der Enge großstädtisch. Nicht weit entfernt jedoch stoßen Spaziergänger auf üppige Reisfelder, reißende Flüsse und Wälder, bei denen Naturfreunden das Herz aufgeht.

Im Agung Rai Museum wird nicht nur Kunst gezeigt, es entstehen auch neue Werke

SEHENSWERTES

AGUNG RAI MUSEUM OF ART (ARMA)

Das um einen schönen Park angelegte Museum zeigt balinesische Künstler, Werke von Spies, Bonnet, Le Mayeur und dem berühmten javanischen Maler Affandi. Schönes Café und ● Kursangebote für Touristen. *Tgl. 9–18 Uhr | Eintritt 80 000 Rp. | Jl. Pengosekan | www.armabali.com*

THE BLANCO MUSEUM

Die exzentrischen Bilder des 1999 verstorbenen spanisch-philippinischen Malers Antonio Blanco sind in seinem palastartigen Privatanwesen zu besichtigen. Wie in Blancos Werken sind in die Architektur und Einrichtung seines Wohnhauses europäische und balinesische Elemente eingeflossen. *Tgl. 9–17 Uhr | Eintritt 80 000 Rp. | Jl. Raya Campuan (direkt hinter der Brücke) | www.blancomuseum.com*

GALERIEN ●

Die *Komaneka Gallery (Monkey Forest Road | gallery.komaneka.com)* und die *Tony Raka Art Gallery (Jl. Raya Mas | www.tonyrakaartgallery.com)* stellen vor allem moderne Künstler aus Bali und Java aus. Indonesische und internationale zeitgenössische Kunst gibt es bei *Gaya Fusion*

(Jl. Raya Sayan | www.gayafusion.com) und in der *Sika Gallery (Jl. Raya Campuan | www.sikagallery.com)* zu sehen – und zu erstehen.

Neben Affen können Sie im Monkey Forest auch 115 Baumarten bestaunen

MONKEY FOREST

In einem heiligen Wald leben rund 300 langschwänzige Affen, die von den Besuchern frech Futter fordern. Drei Tempel finden sich hier: ein kleiner Badetempel, ein Kremationstempel *(Pura Prajapati)* sowie der größere *Pura Dalem Agung*, der von sieben Hexenfiguren bewacht wird. Im Tor zum Innenhof ruht eine schlangenumwundene, steinerne Riesenschildkröte. *Tgl. 8.30–18 Uhr | Eintritt 40 000 Rp. | www.monkeyforestubud.com*

NEKA ART MUSEUM

Die Sammlung des Kunstmäzens Suteja Neka gibt einen guten Einblick in die moderne balinesische Kunst; darunter auch Werke der Holländer Rudolf Bonnet und Arie Smit. *Mo–Sa 9–17, So 12–17 Uhr | Eintritt 75 000 Rp. | Jl. Raya Campuan | Kedewatan | www.museumneka.com*

PURI LUKISAN

Eine Brücke führt in den üppig grünen Park dieses „Gemäldepalasts", der 1953 eröffnet wurde. In mehreren Gebäuden sind Werke im alten *Wayang*-Stil sowie der Young Artists und der Pita-Maha-Schule von Rudolf Bonnet und Walter Spies zu sehen. Außerdem Arbeiten kontemporärer balinesischer Künstler, auch des berühmten I Gusti Nyoman Lempad. *Tgl. 9–18 Uhr | Eintritt 85 000 Rp. | Jl. Raya Ubud | www.museumpuri lukisan.com*

PURI SAREN (UBUD PALACE)

An der zentralen Kreuzung des Orts steht der Palast von Ubud, in dem heute noch die Nachfahren des letzten Königs wohnen. Im gepflegten Garten sind mehrere schön verzierte Bauten aus dem 19. Jh. zu besichtigen. Abends finden im Haupthof Tanzaufführungen statt. *Tgl. 8–18, Performance tgl. 19.30 Uhr | Eintritt frei, Tanz 80 000 Rp.*

ESSEN & TRINKEN

ALCHEMY

Raw Food nicht nur für Veganer. Große Auswahl an Salaten, Säften und Desserts. *Jl. Penestanan Kelod 75 (hinter Blanco-Museum abbiegen) | Tel. 0361 9719 81* | €€

KAFE@BALISPIRIT

Biocafé mit großer Frühstückskarte, leckeren Kuchen, Salaten, Yogakursen. Einrichtung aus Recyclingmaterialien. *Jl. Hanoman 44 B | Tel. 0361 4 79 20 78 | €–€€*

MELTING WOK WARUNG

In schlichtem Ambiente verwöhnt Sie ein französisch-laotisches Paar mit günstigen südostasiatischen Gerichten. *Jl. Gootama 13 | Tel. 0361 9 29 97 16 | €–€€*

MOZAIC

Eines der besten Restaurants auf Bali: Küchenchef Chris Salans hat zuvor in New York gekocht und zaubert allabendlich mehrgängige Menüs. *Jl. Raya Sanggingan | Campuan | Tel. 0361 97 57 68 | €€€*

SARI ORGANIK BODAG MALIAH

In den Reisfeldern der Permakulturfarm Sari Organik werden frische Säfte und knackige Salate serviert. 20 Min. Fußweg vom Zentrum; Abholservice. *Subak Sok Wayah | Tel. 0361 97 20 87 | €–€€*

INSIDER TIPP SENIMAN COFFEE STUDIO

Selbst geröstete Kaffeeauswahl und – bis abends serviert – das beste Frühstücksmenü am Ort, dazu Baristakurse und eigene Designprodukte. *Jl. Sriwedari 5 | Tel. 0812 36 07 66 40 | €–€€*

TUT MAK

Populäres Restaurant mit mediterranen Gerichten, leckeren Lunch-Specials und sehr gutem Kaffee. *Jl. Dewi Sita (neben dem Fußballfeld) | Tel. 0361 97 57 54 | €€*

EINKAUFEN

An Boutiquen und Souvenirshops herrscht in Ubud kein Mangel. Auf dem *Pasar Ubud (Kreuzung Jl. Raya Ubud/ Monkey Forest Road)* können Sie täglich alles kaufen – von Lebensmitteln bis zu

„Verpackt" in große Körbe wird auf dem Markt in Ubud Geflügel verkauft

Souvenirs. Verhandlungsgeschick ist gefragt. Samstags findet vor *Pizza Bagus (10–14 Uhr | Jl. Raya Pengosekan)* ein Biobauernmarkt statt.

Rund um Ubud gibt es zahlreiche Kunsthandwerksdörfer: *Mas* ist bekannt für seine Holzschnitzer, *Penestanan* für seine Malerei und *Peliatan* für Schattenspielpuppen. Etwas weiter weg, in *Batubulan,* werkeln die besten Steinmetze, und in *Celuk* können Sie günstig Silberartikel erwerben.

BALI BUDA

Populärer Bioladen mit eigener Bäckerei, Café und Lieferservice, der diverse Sozialprojekte unterstützt. *Jl. Jembawan 1 | www.balibuda.com*

INSIDER TIPP EGO SHOP

Der kleine Laden in der Sika Gallery verkauft originelle, günstige Objekte junger Künstler – ob Aschenbecher aus Altglas oder Kettenanhänger aus Pappmaché. *Jl. Raya Campuan*

STUDIO PERAK

Origineller Silberschmuck zu günstigen Preisen, die Besitzer geben auch Kurse im Silberschmieden. *Jl. Hanoman und Jl. Monkeyforest | www.studioperak.com*

THREADS OF LIFE

Der faire Handel mit hochqualitativen, traditionellen Webstoffen unterstützt die Frauen, die sie herstellen, sowie den Erhalt dieser Kunst in verschiedenen Landesteilen Indonesiens. *Jl. Kajeng 24 | www.threadsoflife.com*

FREIZEIT & SPORT

Ubud ist ideal für Ausflüge in die Umgebung: Reisfeldwanderungen und Radtouren organisiert *Bali Budaya Tours (Tel. 0361 97 55 57 | www.baliecocycling.com).* Legendär sind die Vogelwanderungen mit dem Ornithologen *Victor Mason (Tel. 0361 97 50 09 | www.balibirdwalk.com),* sehr interessant auch die Heilkräuter-Spaziergänge *(Herbal Walks | Tel. 0812 3 81 60 24 | baliherbalwalk.com).*

Wellness gehört in Ubud einfach dazu: Vielseitige Spabehandlungen zu günstigen Preisen gibt's im *Sang Spa (Jl. Jembawan 13b und Jl. Monkey Forest | Tel. 0361 97 65 00 u. 9 08 02 45),* Dschungelpanorama und einen ganzheitlichen Ansatz bietet *Taksu (Jl. Gootama Selatan 35 | Tel. 0361 97 14 90 | www.taksuspa.com).* Yoga- und Meditationskurse werden überall angeboten, empfehlenswert ist *Yoga Barn (Jl. Pengosekan | Padang Tegal | Tel. 0361 97 12 36 | www.theyogabarn.com)* oder das kleine Yoga- und Meditationszentrum INSIDER TIPP *White Lotus (Jl. Kajeng 23 | Tel. 0899 0 13 49 62 | whitelotusyogameditation.wordpress.com):* Hier können Sie ganz ohne Gruppenzwang Yogaferien verbringen. Interessante Kurse für balinesischen Tanz, Gamelan oder Kunsthandwerk bieten das *ARMA Museum (s. S. 67, Tel. 0361 97 66 59)* oder *Bali Spirit (Jl. Hanoman | Tel. 0361 97 09 92 | www.balispirit.com).* Jeden Abend finden in und um Ubud Tanz- und Musikaufführungen statt, das Programm erhalten Sie bei der *Ubud Tourist Information.*

AM ABEND

CP LOUNGE

Restaurant, Open-Air-Bar und Disco in einem. Mit farbenfrohen Rainbow-Shots und Tanz bis in den Morgen. *Tgl. 11–4 Uhr | Jl. Monkey Forest*

LAUGHING BUDDHA BAR

Exotische Cocktails, großartige Livebands, tolle Atmosphäre. *Tgl. 9–24 Uhr | Jl. Monkey Forest (gegenüber Cafe Wayan)*

XL SHISHA LOUNGE
Bei einer Wasserpfeife und einem Drink in nahöstlichem Dekor chillen und ab 19.30 Uhr die Livemusik genießen. *Tgl. 11–3 Uhr | Jl. Monkey Forest 129 (hinter dem Fußballplatz)*

ÜBERNACHTEN

ALAM INDAH
Helle Zimmer im Bali-Stil mit Blick auf die Schlucht des Wos-Flusses. Pool, Spa und ruhiger Garten. *10 Zi. | Nyuhkuning | Tel. 0361 974629 | www.alamindahbali.com* | €€

CITRUS TREE VILLAS
16 moderne, minimalistisch eingerichtete Zimmer und eine Privatvilla, 15 Min. vom Zentrum. Pool und Frühstücksservice. *Jl. Sriwedari 14 | Tel. 0361 971145 | www.citrustreevillas.com* | €–€€

GUCI GUESTHOUSE
Ruhig gelegenes Künstler-Homestay mit fünf großen Bungalows, die sich in einem schönen Garten verteilen, und einem Doppelhaus mit Küche für Familien. Sehr freundlich. *Jl. Raya Pengosekan | Tel. 0361 975975 | www.guci-bali.com* | €

KAJANE
Das luxuriöse, sehr schön angelegte Villenresort mit Pool, Naturspa und Biorestaurant liegt mitten im Zentrum. *40 Zi., 8 Villen | Jl. Monkey Forest | Tel. 0361 972877 | www.kajane.com* | €€–€€€

KENANGA BOUTIQUE HOTEL
Schickes Designhotel mit tollem Blick über Reisterrassen außerhalb von Ubud. Restaurant, Riesenpool und Spa, in dem Sie mit selbst hergestellten Naturprodukten behandelt werden. *21 Zi. | Jl. Lungsiakan | Tel. 0361 8989700 | www.kenangaubud.com* | €€€

KETUT'S PLACE
Familienhotel mit schönem Garten, der sich bis in eine Schlucht zieht, Pool und Spa. Auf Bestellung zaubern die Besitzer

In den Genuss dieses Gartenidylls kommen nur Gäste des Ketut's Place

Alltag am Kratersee vor dem imposanten Massiv des Gunung Batur

ein köstliches balinesisches Buffet. *17 Zi. | Jl. Suweta 40 | Tel. 0361 975304 | www.ketutsplace.com* | €–€€

INSIDER TIPP **VILLA PECATU**

Gleich neben einem Reisfeld liegen fünf modern eingerichtete Apartments, jedes mit großer Terrasse und Küche. Gemeinsamer Pool. Sehr hilfsbereiter Besitzer. *Jl. Pengosekan (gegenüber Panorama Hotel) | Tel. 0812 3919087 | villapecatu@hotmail.com* | €€

TJAMPUHAN HOTEL

Das ehemalige Haus des Malers Walter Spies mit Ausblick auf eine Schlucht ist Teil des traditionsreichen, eleganten Hotels, zu dem zwei Pools, ein luxuriöses Spa und ein edles Restaurant gehören. In der Walter-Spies-Lounge sind Originale des Malers zu sehen. *67 Zi. | Jl. Raya Campuan | Tel. 0361 975368 | www.tjampuhan-bali.com* | €€€

AUSKUNFT

UBUD TOURIST INFORMATION

Jl. Raya Ubud (gegenüber Ubud Palace) | Tel. 0361 973285

ZIELE IN DER UMGEBUNG

GOA GAJAH (139 D2) (*K5*)

Steile Stufen führen 2 km südöstlich von Ubud zur sogenannten Elefantenhöhle aus dem 9. Jh. Durch das Maul eines Dämons betreten Sie das Innere mit einer Statue des Gotts Ganesha, der halb als Mensch, halb als Elefant dargestellt wird. Holländer stießen 1923 auf die Höhle, und rund 30 Jahre später wurden auch die heilige Quelle und die beiden rechteckigen Badeplätze davor wiederentdeckt. Um dem Ansturm der Reisegruppen zu entgehen, sollten Sie möglichst früh kommen. *Tgl. 8–17 Uhr | Eintritt 15 000 Rp.*

GUNUNG BATUR ★
(136 A–B 2–3) (📖 L2–3)
Um den Sonnenaufgang auf dem Gipfel des Gunung Batur (1717 m, 45 km nordöstlich) zu erleben, heißt es früh aufstehen und im Dunkeln rund zwei Stunden lang einen steinigen Pfad erklimmen – doch es lohnt sich: Der Blick über die Vulkanlandschaft ist atemberaubend. Es gibt diverse Routen, Touren bieten z. B. *Bali Budaya Tours (Tel. 0361 975557 | www.baliecocycling.com).*
Weniger anstrengend, aber nicht minder beeindruckend ist der Blick von *Penelokan* (ca. 30 km nördlich von Ubud) aus. Der Kratersee *Danau Batur* ist mit 8 km Länge der größte See Balis und nimmt etwa ein Drittel der inneren Caldera ein, die 500 m unterhalb des Kraterrands liegt. Der Tempel *Pura Ulun Danu Batur* ist der Seegöttin geweiht und wurde nach einem Erdbeben 1926 vom Nordufer an eine höhere Stelle versetzt.
Auf der Ostseite des Sees liegt das Bali-Aga-Dorf *Trunyan,* das von Kedisan per Boot zu erreichen ist. Die Einwohner bestatten ihre Toten nicht, sondern bahren sie auf einem Friedhof unter Bambusgestellen auf. Fremden gegenüber sind sie misstrauisch, daher ist ein Besuch nur mit einem guten Führer ratsam.

GUNUNG KAWI (139 E1) (📖 K4)
Eine in den Felsen gehauene Treppe führt in ein fruchtbares Tal 20 km nördlich von Ubud. Hier finden sich neun 7 m hohe Felsennischen mit gemeißelten Schreinen, die vermutlich aus dem 11. Jh. stammen. Dahinter werden die Gräber des Königs Anak Wungsu und seiner Familie vermutet. Der Legende nach kratzte sie der Riese Kebo Iwa aus dem Felsen. Eine zehnte Statue steht weiter unten auf der anderen Seite des Flusses, an der auch ein ehemaliges buddhistisches Kloster liegt. *Tgl. 8–17 Uhr | Eintritt 15 000 Rp.*

PEJENG (139 D2) (📖 K5)
Im alten Zentrum des Pejeng-Reichs, 3 km östlich von Ubud, steht genau in der Mitte Balis der *Pura Pusering Jagat* („Tempel am Nabel der Welt"), einer der sechs heiligsten Tempel, in dem vor allem junge Paare um Nachwuchs beten. 300 m weiter birgt der *Pura Penataran Sasih* den „Mond von Pejeng", die größte Bronzetrommel der Welt und wichtigster Fund der indonesischen Bronzezeit. Im nahen archäologischen Museum *Gedung Arca Museum Arkeologi (Mo–Fr 8–16 Uhr | Eintritt frei)* sind über 2000 Jahre alte Artefakte zu sehen, schräg gegenüber der *Pura Kebo Edan,* der „Tempel des verrückten Wasserbüffels", bekannt wegen einer 3,60 m hohen Shiva-Statue. Die Nachkommen des Königs betreiben heute im alten Palast *Puri Pejeng* zur Unterstützung des Dorfs eine Batikmanufaktur *(*INSIDER TIPP *BISA Organic Batik | Tel. 0813 37330944)* sowie eine idyllische INSIDER TIPP *Biofarm (Kebun Setaman Pejeng | Tel. 0813 29319777),* die Permakulturkurse anbietet.

TIRTA EMPUL (139 E1) (📖 K4)
Seit mehr als 1000 Jahren pilgern die Balinesen zu den heiligen Quellen (25 km nördlich von Ubud), denen der Hindu-Gott Indra magische Kräfte verliehen haben soll. In der Mitte des Tempelkomplexes sprudelt das klare Wasser aus zwölf gemeißelten Speiern in das Hauptbecken, weiter unten liegen zwei kleinere Badepools. *Tgl. 8–17 Uhr | Eintritt 15 000 Rp.*

YEH PULU (139 D2) (📖 K5)
An einem Bach entlang führt ein Pfad zu den *Felsenreliefs* an einer heiligen Quelle 2 km östlich von Ubud. Die Reliefs aus dem 14. Jh. wurden 1925 entdeckt, über ihre Bedeutung wird immer noch gerätselt.

LOMBOK

Lange lag Lombok im Schatten der Nachbarinsel Bali, doch mittlerweile interessieren sich immer mehr Touristen für eine der vielfältigsten Inseln Indonesiens: Hier treffen Islam und Hinduismus, Tradition und Moderne, tropischer Regenwald und austronesische Savanne aufeinander.

Beherrscht wird Lombok (indonesisch für „Chili") vom mächtigen Massiv des 3726 m hohen Vulkans Rinjani, das die nördliche Hälfte der Insel einnimmt. Hier ziehen sich fruchtbare Reisterrassen, Palmenhaine und von Affen und anderen Wildtieren bevölkerte Wälder die steilen Hänge hinauf. Der riesige Kratersee ist den muslimischen Sasak, den Ureinwohnern Lomboks, wie den balinesischen Hindus heilig und eine der Hauptattraktionen für Touristen. Im kargen Süden verbergen sich vor einer hügeligen Savannenlandschaft zwischen Klippen malerische Buchten und Korallenriffe, die für Surfer und Taucher perfekte Bedingungen bieten. Ihre überwältigende biologische Vielfalt hat die 4725 km² große Insel der Wallace Line zu verdanken: In dem 40 km breiten und bis zu 3000 m tiefen Meeresgraben zwischen Lombok und Bali verlief die Grenze zwischen dem asiatischen und dem australischen Urkontinent. Über Jahrtausende haben sich hier Flora und Fauna Südostasiens mit der Austronesiens gemischt.

Lombok ist ursprünglicher, natürlicher als Bali, aber auch harscher. Die rund 3,5 Mio. Einwohner leben hauptsächlich von der Landwirtschaft, nur Westen und

 Bild: Provinz Nusa Tenggara Barat

Insel der Vielfalt: Üppige Natur und kulturelle Gegensätze machen Lombok zu einem faszinierenden Reiseziel für Entdecker

Süden der Insel sind bislang wirklich gut touristisch erschlossen. Die Sasak sind strenggläubige Muslime, die außerhalb der Touristenorte nicht viel Verständnis für knappe Bekleidung oder Alkoholgenuss aufbringen. Vor allem im Osten werden die Dörfer von überdimensionalen Moscheen beherrscht. Nichtsdestotrotz finden sich hinduistische und animistische Bräuche im hier ausgeübten Islam – besonders bei den Anhängern des Wetu-Telu-Glaubens („drei Elemente") im Norden der Insel, die sich als Nachfolger des ersten Islampredigers auf Lombok sehen. Sie beten nur dreimal am Tag und fasten im Ramadan lediglich drei Tage. Aus Angst vor Diskriminierung bekennen sich jedoch nur wenige Anhänger offen zu ihrem Glauben. Im Westen lebt eine hinduistische Minderheit, Nachkommen balinesischer Herrscher, die im 17. Jh. Lombok eroberten und Ende des 19. Jhs. von den Holländern wieder vertrieben wurden. Einige Tempel und Paläste um die Hauptstadt Mataram zeugen von dieser Zeit.

In den Bergen Lomboks findet man noch vom Tourismus unberührte Dörfer

Lange galt Lombok als Geheimtipp. Doch seit der Eröffnung des neuen internationalen Flughafens nur wenige Kilometer nördlich von Kuta rollt eine neue Touristenwelle über die Insel, angefeuert von der Regierungskampagne „Visit Lombok Sumbawa".

Da die Küste um Senggigi bereits weitestgehend zugebaut ist, liegt der Fokus der Investoren nun auf dem Süden der Insel: Von Kuta bis Gerupuk soll sich das Mandalika Resort Project ziehen, ein exklusiver Riesenferienpark mit internationalen Fünf-Sterne-Hotels und Villenanlagen. Die ersten Resorts werden 2018 eröffnen. Trotzdem bleibt Lombok mit seinem riesigen Bergmassiv, unzähligen Buchten und Dutzenden weniger bekannten Gilis („Inselchen") weiterhin ein Paradies für Entdeckungsreisen.

KUTA

(140 C5) (*🕮 R9*) **Dieses kleine Fischerdorf an der Südküste Lomboks ist – anders als der gleichnamige Ort auf Bali – noch eher ruhig. Besonders schön ist der Ort in der Dämmerung, wenn die Krabbenfischer mit ihren Netzen losziehen und ihre Lampen die ganze Bucht in ein romantisches Licht tauchen.**

Auf Initiative der Dorfbewohner mussten alle Cafés und Läden den langen Strand räumen, damit er jedem zugänglich bleibt. So reihen sich nun alle Hotels und Restaurants an der Hauptstraße. Genutzt werden diese bisher vor allem von Backpackern und Surfern, die Kuta als idealen Ausgangspunkt schätzen, um die spektakuläre ★ *Südküste Lomboks* zu

erkunden: Über wilde Hügel und raue Klippen windet sich die Küstenstraße, um den Blick auf immer noch schönere Buchten und noch einsamere Strände zu eröffnen.
Außer Mopedfahrern und Taxis sind hier gelegentlich auch noch Bauern mit Büffelkarren unterwegs, die zum Teil in traditionellen Sasakdörfern wie *Rambitan* und *Sade* im Süden leben. Zum Vollmond im Februar/März kommen sie an Kutas Stränden zum Bau-Nyale-Fest zusammen, um zwischen den Korallen Nyale-Würmer zu fangen, die sie rösten und verspeisen. Ein Fruchtbarkeitsritual, bei dem viel geflirtet wird.

ESSEN & TRINKEN

Die meisten Unterkünfte in und um Kuta verfügen auch über ein Café oder Restaurant.

ASHTARI ● ☀

Das populäre Restaurant mit Loungeatmosphäre liegt auf einem Hügel westlich von Kuta und bietet einen phantastischen Blick auf die Bucht. *Tgl. | Jl. Raya Kuta-Mawun | Tel. 0877 65 49 76 25 |* €€–€€€

GULA'S GARDEN BAR

Eine Adresse für Romantiker, die im lauschigen Garten solide westliche Küche genießen und dabei von einem sehr freundlichen Service umsorgt werden. *Jl. Pariwisata (Kuta Cave Hotel) | Tel. 0370 6 15 80 80 |* €–€€

NUGGETS CORNER

In dem gehobenen *warung* erwartet Sie nicht nur eine große Auswahl an indonesischen Gerichten, sondern auch ein vegetarisches Menü und tolle Säfte. *Jl. Raya Kuta/Ecke Jl. Mawun | Tel. 0878 65 46 15 05 |* €

FREIZEIT & SPORT

Die bekanntesten Surfbuchten sind *Mawi* im Westen sowie *Gerupuk* und *Tanjung Aan* im Osten. Ausrüstung, Kurse und Touren auch zu entfernteren Surfspots organisiert *Lombok School of Surf (Jl. Pantai Kuta | Tel. 0812 39 32 19 15 | www.lombokschoolofsurfing.com).* Tauchkurse und Touren zu den wenig besuchten, aber spektakulären Tauchspots im Süden Lomboks bietet das Team von *Discovery Divers (Jl. Raya Kuta | Tel. 0812*

MARCO POLO HIGHLIGHTS

★ Südküste Lomboks
Malerische Buchten mit weißen Sandstränden → S. 76

★ Rambitan und Sade
Ein Dorfbesuch erlaubt Einblicke in die Lebensweise von Lomboks Ureinwohnern → S. 79

★ Tetebatu
Natur und Ruhe zwischen Reisfeldern, Obstgärten und Wasserfällen → S. 82

★ Sekotong
Taucherparadies zwischen winzigen Inselchen → S. 83

★ Gunung Rinjani
Der mächtige Vulkan, der fast die Hälfte der Insel bedeckt, zieht mit seiner faszinierenden Landschaft nicht nur Bergsteiger an → S. 85

★ Banyumulek und Sukarara
Die beiden Orte sind bekannte Handwerkshochburgen – und bieten gute Einkaufsgelegenheiten → S. 89

52 19 92 72 | www.discoverydiverslombok.com).

STRÄNDE

Kutas Strand hat eine schöne Promenade und bietet viele lokale Aktivitäten, lädt aber nicht so sehr zum Baden ein. Anders dagegen der Strand in der geschwungenen Bucht von *Mawun,* 10 km westlich von Kuta. Folgt man der Straße weiter in den Westen, kommt man vorbei am Surfstrand *Mawi* zur Bucht von INSIDER TIPP *Selong Belanak*, die zum Sonnenuntergang ein atemberaubendes Klippenpanorama bietet. Wer dieses länger genießen will, kann in den sehr schönen *Sempiak Villas (3 Villen | 0821 744 30 33 37 | sempiakvillas.com | €)* übernachten – oder im dazugehörigen Restaurant *Laut Biru* lecker speisen. Etwa 7 km östlich von Kuta liegt *Tanjung Aan,* dessen geschützter Sandstrand auch ideal zum Baden und Schnorcheln ist. Noch einmal 3 km weiter östlich stößt man auf die bei Surfern beliebte *Gerupuk-Bucht.*

Nicht jeden Tag geht Kutas Fischern ein dicker Fang ins Netz

ÜBERNACHTEN

BOMBORA BUNGALOWS

Acht einfache Bungalows im Südseestil, schöner Pool und relaxte Atmosphäre mitten im Zentrum. *Jl. Raya Pantai Kuta | Tel. 0370 6 15 80 56 | short.travel/bal10 | €*

NOVOTEL LOMBOK

Das Resort im Sasakstil 3 km östlich vom Dorf unterstützt diverse Umweltprojekte. Zwei Pools, Spa, Restaurant, Freizeitprogramm und ein Traumstrand. *102 Zi. | Pantai Putri Nyale | Tel. 0370 6 15 33 33 | www.novotel-lombok.com | €€€*

PURI RINJANI

Schlichte, saubere Bungalows in einem tropischen Garten mit großem Pool, Café-Lounge mit Strandblick. *19 Zi. | Jl. Raya Pantai Kuta | Tel. 0370 6 15 48 49 | therinjanikutalombok@gmail.com | €*

INSIDER TIPP **YULI'S HOMESTAY**
Blitzsaubere, kinderfreundliche Anlage mit acht Bungalows und zwei Pools im schönen Garten und einer Gemeinschaftsküche, 15 Min zum Strand. Sehr nette Gastgeber. *Jl. Batu Riti | Tel. 0819 17 10 09 83 | www.yulishomestay.com | €*

ZIELE IN DER UMGEBUNG

EKAS BAY (141 D–E5) (*S9*)
Die Bucht im Südosten Lomboks ist nur wenig touristisch erschlossen, bietet aber einige der besten Surf-, Tauch- und Schnorchelspots der ganzen Insel. Von Kuta aus fährt man ca. 25 km bis zum Fischerdorf Awang, um von dort mit einem Boot zur anderen Seite überzusetzen. Wer länger bleiben möchte, kann sich in dem spektakulär auf den Klippen gelegenen Eco-Resort **INSIDER TIPP** *Heaven on the Planet* (*17 Chalets | Tel. 0812 3 75 11 03 | www.sanctuaryinlombok.com | €€*) einmieten. Alternativ führt eine holperige Straße in den Osten.

RAMBITAN UND SADE ★
(141 D5) (*R–S9*)
6 km nördlich von Kuta liegen die traditionellen Sasakdörfer Rambitan und Sade. Die Häuser, die nur aus einem Raum bestehen, sind aus Lehm und Holz gebaut und mit Gras gedeckt. Zwischen den Wohnhäusern stehen Reisspeicher *(lumbung)*, die mit ihren tief heruntergezogenen, bauchigen Dächern aus Palmblättern für unzählige Bungalowresorts Modell standen. Obwohl die Dörfer heute bestens auf Touristen eingestellt sind, ist der Einblick in das ursprüngliche Dorfleben noch immer sehr interessant. Dabei sollten Sie sich aber nicht allzu viel Geld für Souvenirs und den obligatorischen Führer abknöpfen lassen, in der Regel genügt eine einmalige Spende am Dorfeingang.

MATARAM

(140 B3) (*Q7*) **Die Hauptstadt Lomboks ist eigentlich ein Konglomerat aus vier Städten, die nun nahtlos ineinander übergehen und gemeinsam knapp eine halbe Million Einwohner haben: die alte Hafenstadt Ampenan, das chinesisch geprägte Cakranegara, das Marktstädtchen Sweta und Mataram selbst – eine ehemalige Königsstadt, die heute von Regierungs- und Bürogebäuden dominiert wird.**

Einige Tempel und Paläste zeugen noch von der großen Vergangenheit. *Mataram* und *Cakranegara* bilden mit ihren Business- und Einkaufszentren den geschäftigen Mittelpunkt der Insel. Der ehemalige holländische Handelshafen *Ampenan* wird heute vor allem von Fischerbooten genutzt. Von dort führt eine durchgehende Hauptstraße bis nach *Sweta,* in deren Nähe sich alle touristisch interessanten Adressen finden. Die meisten Besucher streifen die Stadt nur im Vorbeifahren – wer jedoch das typische Leben in einer indonesischen Provinzstadt kennenlernen will, sollte einen Ausflug hierher machen.

CITY **WOHIN ZUERST?**
Mataram Mall: Von der Mall in der Jl. Pejanggik erreichen Sie nach 200 m in östlicher Richtung die Rinjani-Weberei auf der anderen Straßenseite. Biegen Sie links ab, kommen Sie nach etwa 500 m zum Sindhu-Markt. Laufen Sie stattdessen geradeaus weiter, gelangen Sie zum Pura Meru und Mayura-Wasserpalast (Jl. Selaparang). Von hier fahren Busse bis zum Mandalika-Markt am Sweta-Busterminal.

SEHENSWERTES

MAYURA-WASSERPALAST

Im Jahr 1744 wurde der „schwimmende Pavillon" in der Mitte eines Lotosteichs errichtet. Zur Zeit der balinesischen Herrscher diente er als Gerichtshalle, und Ende des 19. Jhs. kämpften die Balinesen hier gegen die Holländer. Leider wurden die Überreste der Anlage lange nicht gepflegt, erst 2012 gab es eine Renovierung. Interessant sind die architektonische Mischung aus hinduistischen und islamischen Elementen sowie die historische Bedeutung des Orts, die sich Laien jedoch nur mit Führer *(festgelegte Gebühren hängen am Eingang aus)* erschließt. *Tgl. 7–18 Uhr | Eintritt 10 000 Rp. | Jl. Selaparang | Cakranegara*

LOW BUDG€T

Zwischen dem neuen Flughafen, Mataram und Senggigi ist die Fahrt mit dem *DAMRI-Flughafenbus (30 000 Rp.)* viel billiger als mit dem Taxi *(200 000 Rp)*. Wegen des unzuverlässigen Fahrplans ist der Bus allerdings nur bei der Ankunft eine empfehlenswerte Alternative.

Authentische Souvenirs können Sie bei Ausflügen in Lomboks *Kunsthandwerksdörfern* deutlich günstiger erwerben als auf den Märkten oder in den Läden.

Wellness ist außer in Senggigi meist auf Spas in großen Hotels beschränkt und dementsprechend teuer. Die meisten Unterkünfte organisieren aber auf Anfrage private Masseure ab 100 000 Rp. die Stunde.

MUSEUM NUSA TENGGARA BARAT ●

Von Hochzeitskleidern über Schattenpuppen bis zu Dolchen: Hier können Sie viel über Kultur und Geschichte der Provinz Nusa Tenggara Barat erfahren, zu der Lombok und Sumbawa gehören. Ein Übersetzer (der Fahrer oder ein lokaler Guide) ist hilfreich. *Di–Do 8–15, Fr 8–16, Sa/So 8–15.30 Uhr | Eintritt 5000 Rp. | Jl. Panji Tilar Negara 6 | Mataram*

PURA MERU

Ein balinesischer Prinz ließ den größten Hindutempel auf Lombok 1720 errichten, um die Inselbewohner zu vereinen. Der Weg führt durch zwei Vorhöfe in einen Innenhof mit 33 Heiligenschreinen. Drei verschieden hohe, in einer Reihe angeordnete *meru* (Pagoden) sind den hinduistischen Hauptgöttern Shiva, Brahma und Vishnu gewidmet. Richtig voll wird es hier zum Pujawali-Fest, das jedes Jahr zum Vollmond im Oktober stattfindet. *Tgl. 8–17 Uhr | Eintritt gegen Spende | Jl. Selaparang | Cakranegara*

ESSEN & TRINKEN

INSIDER TIPP LESEHAN TALIWANG IRAMA

Das Restaurant ist bei den Einheimischen wegen seiner authentischen Sasakküche sehr beliebt, angeblich gibt es hier das beste *Taliwang*-Hühnchen Lomboks. *Jl. Ade Irma Suryiani | Gang Salam 6 | Cakranegara | Tel. 0370 62 31 63 | €*

ROCK GILIS COFFEE

Bei jungen Indonesiern beliebter Coffeeshop mit westlichen Snacks und Pizza. *Jl Jl. Langko 23F/G | Tel. 0370 64 98 22 | €*

EINKAUFEN

Viele kleine Antikläden säumen die *Jl. Saleh Sungkar* in Ampenan. Lebensmit-

Steinerner Bewacher mit traditionellem Kopfputz am Mayura-Wasserpalast

tel, Kosmetik und Elektrowaren finden Sie z. B. in der *Mataram Mall*. Der größte traditionelle Markt Lomboks ist gleich neben dem Mandalika-Busterminal in *Sweta*.

LOMBOK EPICENTRUM
Die erste Supermall der Insel beherbergt auf vier Stockwerken lokale und internationale Food- und Fashion-Outlets sowie ein Großkino. *Jl. Sriwijaya (Ex-Bupati Mataram) | www.lombokepicentrum.com*

LOMBOK SASAKU
T-Shirts, Taschen und andere Souvenirs mit kontemporären Motiven aus Lombok und der Sasakkultur. *Jl. Lembar (Kompleks Pertokoan Dasan Cermen 31 & 32) | www.lomboksasaku.com*

ÜBERNACHTEN

INSIDER TIPP PONDOK ANGGREK PUTIH
Sehr freundlicher, gepflegter Homestay mit Pool in einem üppigen Tropengarten, 10 Min. Fahrt nach Senggigi, exzellente Kochkurse. *4 Zi. | Dusun Presak | Meninting | Mataram | Tel. 0821 47 82 00 60 |* €

HOTEL SANTIKA LOMBOK
Das modernste Businesshotel der Stadt mit Restaurant, Bar, Pool und Fitnesscenter. *123 Zi. | Jl. Pejanggik 32 | Mataram | Tel. 0370 6 17 88 88 | www.santika.com/santika-lombok |* €€

AUSKUNFT

WEST NUSA TENGGARA TOURISM OFFICE
Jl. Singosari 2 | Mataram | Tel. 0370 63 17 30

ZIELE IN DER UMGEBUNG

PURA LINGSAR (140 C3) (*🗺 R7*)
In der großen Tempelanlage, 7 km östlich von Cakranegara, stehen ein Hindutempel und eine Moschee der Wetu-Telu-Anhänger einträchtig nebeneinander. Der Hauptkomplex wurde 1714 erbaut.

Sobald die Regenzeit begonnen hat, kommt es hier zum spielerischen ● *Perang Topat* („Krieg der Reispäckchen") zwischen Hindus und Sasak. *Tgl. 7–18 Uhr | Eintritt gegen Spende*

SURANADI (140 C3) (*R7*)
Nur 18 km von Mataram entfernt ist dieser kleine Ort wegen seines frischen Klimas ein beliebtes Ausflugsziel. Der *Pura Suranadi* ist der älteste und wichtigste Hindutempel Lomboks. Er soll im 16. Jh. von demselben Hindupriester gegründet worden sein, der auch die sechs heiligsten Tempel Balis erbauen ließ. In der Tempelquelle schwimmen heilige Muränen, der nahe Affenwald bietet eine Flying-Fox-Anlage. Noch aus der Kolonialzeit stammt das *Permandian Suranadi,* ein von kühlem Quellwasser gespeister Pool *(Eintritt 10 000 Rp.),* der am Wochenende sehr voll ist.

TAMAN NARMADA (140 C4) (*R7*)
11 km östlich von Mataram erstreckt sich der Narmada-Park, den der balinesische König Anak Agung Gede Ngurah 1727 zu Ehren des Gotts Shiva anlegen ließ. Um den Tempel *Pura Kalasa* herum entstand ein Lustgarten, der dem Vulkan Rinjani nachempfunden ist, der große Pool stellt den Kratersee dar. Als der König zu alt wurde, um den Rinjani zu erklimmen, konnte er so weiterhin Opferrituale am geheiligten Wasser durchführen. Die terrassenartigen Gärten und ein öffentliches *Schwimmbecken (Fr geschl. | 5000 Rp.)* machen die weitläufige Anlage zu einem beliebten Wochenendziel für Städter. *Tgl. 7–18 Uhr | Eintritt 10 000 Rp.*

TETEBATU ★ ● (141 D3) (*S7*)
47 km von Mataram entfernt liegt dieses kleine Dorf auf 400 m Höhe inmitten von Reisterrassen, die sich in der Trockenzeit in Tabakfelder verwandeln. Schon zu Kolonialzeiten war der Ort wegen seines Panoramas und erfrischenden Klimas als Ausflugsziel beliebt. Heute kommen vor allem Tagesausflügler und Backpacker hierher, um Wanderungen zu den nahen Wasserfällen *Joben* und *Jukut* zu

Mannshoch stehen die Tabakstauden auf den Feldern bei Tetebatu

unternehmen (ca. 2 Std.) oder um Ruhe und Entspannung zu finden. Übernachten kann man im *Les Rizières (4 Zi. | Tel. 0859 03 13 81 11 | www.les-rizieres.com | €)*, einem Gästehaus mitten in Reisfeldern gelegen. Ein naher Affenwald und Obstgärten, in denen auch Kaffee, Kakao, Vanille und Nelken wachsen, laden zu Spaziergängen ein. 10 km südlich liegt das Handwerkerdorf *Loyok,* das für seine Flechtwaren berühmt ist.

SEKOTONG

(140 B4) *(Q8)* ★ **Im Südwesten Lomboks liegt die bergige Halbinsel, die Investoren erst kürzlich für den Tourismus entdeckt haben.**

Eine gewundene Straße führt durch kleine Sasakdörfer die Nordküste entlang, vor der mehr als ein Dutzend überwiegend unbewohnter Inselchen liegen: Die „geheimen" Gilis sind mit ihren weißen Stränden, bunten Korallen und kristallklaren Wasser ein Paradies für Schnorchler und Taucher. Holperig wird es auf dem Weg zur äußersten Westspitze *Bangko-Bangko,* wo die bei Surfern berühmte Desert-Point-Brandung heranrollt. Die einzige zugängliche Bucht im Süden ist *Teluk Mekaki.* In den vergangenen Jahren sprießen die Resorts auf Sekotong und den kleinen Gilis wie Pilze aus dem Boden. Die Menschen leben traditionell von Landwirtschaft oder Goldschürfen. Auf *Gili Gede* operiert eine Perlenfarm. Es gibt nur wenige Einkaufsmöglichkeiten, der tägliche Markt in *Pelangan* bietet Lebensmittel und Kunsthandwerk.

FREIZEIT & SPORT

Schnorcheltouren organisiert jedes Resort, professionelle Tauchausflüge und Kurse gibt es bei *Divezone (Tel. 0819 07 85 20 73 | www.divezone-lombok.com). Desert Point* bei Bangko-Bangko gilt als bester Surfspot Lomboks für Könner – einige Resorts bieten Trips an. Wer die Berge per Rad erkunden will, wendet sich an *Mountain Bike Lombok (Tel. 0819 99 09 71 26 | www.mountainbikelombok.com).*

ÜBERNACHTEN

COCOTINOS

Schickes Boutiqueresort in einem Palmenhain mit Gili-Panorama, Pool, Spa, Restaurant und Tauchschule, natürlichem Baukonzept und Müllrecycling. *36 Zi. | Dusun Pandanan | Sekotong Barat | Tel. 0819 07 97 24 01 | www.cocotinos-sekotong.com | €*

INSIDER TIPP PEARL BEACH RESORT

Idyllisches Inselresort auf einer ehemaligen Perlenfarm, Restaurantbar, Spa und Tauschschule. *10 Bungalows | Gili Asahan | Tel. 0819 07 24 47 69 | pearlbeach-resort.de | €*

VIA VACARE

Sehr freundliches, einfaches Eco-Resort auf der größten der kleinen Gilis, das sich durch ein lokales Projekt für Plastikrecycling, Wasser- und Stromsparprogramm auszeichnet. Täglich Yoga, Vollpension inklusive. *8 Zi. | Gili Gede | Tel. 0812 37 32 45 65 | €–€€*

SENARU

(141 D2) *(S6)* **Das kleine Dorf am Hang des Rinjani ist malerisch zwischen üppigen Reisterrassen, blühenden Gärten und Palmenhainen eingebettet und der wichtigste Ausgangspunkt für Besteigungen des mächtigen Vulkans.**

Wer nicht zu einer Mehrtagestour auf den Gipfel aufbrechen will, kann hier in Ruhe die erfrischende Luft und die phantastische Aussicht genießen, kleinere Ausflüge durch Reisfelder und den Regenwald zu rauschenden Wasserfällen unternehmen oder sich in die traditionelle Lebensweise der Dorfbewohner einführen lassen.

FREIZEIT & SPORT

Die meisten Touristen kommen nach Senaru, um den Rinjani zu besteigen. Je nach Route dauert die Tour drei bis fünf Tage und sollte auf keinen Fall ohne professionellen Führer unternommen werden. In der Regenzeit ist der Aufstieg meist zu gefährlich – dasselbe gilt, wenn der Vulkan zu aktiv ist. Touren werden zentral vom *Rinjani Trek Centre (Senaru/Senggigi/Sembalun/Mataram | Tel. 0370 64 11 24 | www.lombokrinjanitrek.org)* organisiert, dessen Büro am oberen Ende von Senaru am Eingang zum Nationalpark liegt. Hier sind alle professionellen Trekkingveranstalter registriert, die mit dem Nationalpark und der Dorfverwaltung zusammenarbeiten *(z. B. John's Adventures | Tel. 0817 5 78 80 18 | www.rinjanimaster.com)*. Die meisten Unterkünfte in Senaru helfen ihren Gästen gern bei der Tourenorganisation *(Kosten: rund 270 Euro pro Person – je größer die Gruppe, desto billiger)*.

ÜBERNACHTEN

Zu den meisten Unterkünften gehören kleine Restaurants.

RINJANI LIGHT HOUSE

Das saubere Holzhaus auf Stelzen bietet frisches lokales Essen im benachbarten *warung* und unterstützt die Frauenorganisation der Bergführer. *4 Zi., 1 Familiencottage | Jl. Pariwisata Senaru (kurz vorm Eingang zum Nationalpark) | Tel. 0818 05 48 54 80 | www.rinjanilighthouse.mm.st* | €

RINJANI LODGE

Tolles Boutiquehotel mit zwei Pools, Restaurant und phantastischem Panorama. *5 Zi. | Jl. Raya Senaru | Tel. 0819 07 38 49 44 | www.rinjanilodge.com* | €€

INSIDER TIPP RINJANI MOUNTAIN GARDEN

Auf der östlichen Seite des Tals von Senaru liegt hoch am Hang des Rinjani dieses Eco-Resort mit üppigem Garten, Naturschwimmbecken und allerlei Tieren. Bei köstlicher indonesischer oder europäischer Küche können Sie im Restaurant die phantastische Aussicht über Reisterrassen und Kokosplantagen bis zum Meer hinunter genießen und Trekking- oder Reittouren unternehmen. Wer nicht im Mietzelt übernachten will, kann in einem der sechs hübschen Cottages im Reisspeicherstil wohnen. Der Strom wird durch Wasserkraft gewonnen. *Teres Genit | Bayan | Tel. 0818 56 97 30 | rinjanigarden@hotmail.de* | €

ZIELE IN DER UMGEBUNG

BAYAN (141 D2) *(S6)*

6 km nördlich von Senaru befindet sich der Hauptort der Wetu-Telu-Anhänger: Hier steht die mit 300 Jahren älteste Moschee der Insel, erbaut aus Bambus und Lehm. Die Bewohner Bayans verstehen sich als direkte Nachfahren des Heiligen, der den Islam im 16. Jh. auf die Insel gebracht haben soll, und pflegen bis heute eine Mischung aus animistischen, hinduistischen und islamischen Traditionen. Gegen eine kleine Spende erzählt der Hüter der Moschee gern die Geschichte des Orts. Sie müssen hier allerdings auf die Übersetzungsdienste Ihres Fahrers zurückgreifen.

DUSUN SENARU UND SEGENTER

(141 D1–2) (*🗺 S6*)

Am oberen Ende des heutigen Urlaubsorts liegt das ursprüngliche Dorf *Senaru:* Hier leben die Menschen wie vor Jahrhunderten gemeinschaftlich in Bambushäusern mit Lehmboden, die mittlerweile allerdings auch mit Fernseher und Kühlschrank ausgestattet sind. Baustil, Sprache und Traditionen unterscheiden sich von den Sasak im Süden. Gegen eine Spende am Ortseingang machen die zunehmend professionellen Führer die Dorfbesucher mit der traditionellen Lebensweise bekannt. Etwa 12 km nördlich auf dem Weg nach Senggigi stößt man auf einen Wegweiser nach *Segenter,* einem weiteren komplett erhaltenen Sasakdorf, das inzwischen auch ein beliebtes Ziel für Reisegruppen ist.

GUNUNG RINJANI ★

(141 D–E2) (*🗺 R–T 6–7*)

Der Rinjani ist mit 3726 m der zweithöchste Vulkan Indonesiens, sein mächtiges Massiv bedeckt etwa die Hälfte Lomboks. In seinem riesigen Krater liegt der bis zu 6 km breite, sichelförmige See *Segara Anak* („Kind des Meeres"), der sowohl den Sasak als auch den Hindus auf Lombok heilig ist. Daneben erhebt sich der aktive *Gunung Baru*, der nach einem gewaltigen Ausbruch des Muttervulkans entstand. Bei seiner letzten Eruption 2015 wurde niemand verletzt. Der ● *Rinjani-Nationalpark (Eintritt 150 000 Rp.)* erstreckt sich über 41 000 ha üppigen Regenwalds und bizarrer Vulkanlandschaft und beheimatet eine einzigartige Flora und Fauna: Wildschweine, Zwerghirsche, Riesenechsen

Im Krater des Gunung Rinjani leuchtet türkis der heilige See Segara Anak

sowie seltene Vögel, Schmetterlinge und Pflanzen. Beim Aufstieg von Senaru kommt man an Höhlen und heißen Quellen vorbei, denen die Einheimischen

Vom Hang des Gunung Rinjani rauscht der Sindanggila-Wasserfall ins Tal

magische Kräfte nachsagen. Ein weiterer Zugang zum Nationalpark befindet sich in Sembalun Lawang im Osten. Auf keinen Fall sollte man den 20 km langen Aufstieg auf eigene Faust wagen, auch wenn es immer wieder unbelehrbare Touristen versuchen, die sich in der Wildnis verirren, verletzen oder gar umkommen. Aufgrund der steigenden Zahl an Trekkingtouren wurde ein Zero-Waste-Programm eingeführt, bei dem die Träger für jedes Kilo Müll, das sie vom Berg bringen, extra bezahlt werden.

SINDANGGILA- UND TIU-KELEP-WASSERFALL (141 D2) (*S6*)

Ca. 1,5 km unterhalb von Senaru donnert der malerische Sindanggila-Wasserfall kraftvoll in zwei Stufen ins Tal. Der Fußweg von der Hauptstraße *(neben dem Restaurant Pondok Senaru | Eintritt 10 000 Rp.)* ist gut ausgebaut, die Gehzeit beträgt 20 Min. Meist wird man von einem Guide begleitet (bezahlen Sie nicht mehr, als auf der Tafel am Eingang angegeben ist). Nötig wird der Führer erst, wenn Sie weiter zum Tiu-Kelep-Wasserfall aufsteigen wollen: Ein steiler, glitschiger Pfad führt in einer Dreiviertelstunde zu einem natürlichen Badepool.

SENGGIGI

(140 B3) (*Q7*) **Das ehemalige Fischerdorf (5000 Ew.) im Westen Lomboks dehnt sich inzwischen über mehrere schön geschwungene Buchten aus – und es wird immer noch weitergebaut.**

Die weißen Sandstrände, von denen man zum Sonnenuntergang bei klarer Sicht bis zu Balis majestätischem Gunung Agung sehen kann, machen den Ort zu einem idealen Urlaubsziel. Natürlich haben auch die strategisch gute Lage zwischen dem Fährhafen in Labuhan Lembar, dem alten Flughafen in Ampenan und den Gilis im Nordwesten dazu beigetragen, dass Senggigi zu Lomboks wichtigstem Touristenort wurde. Von hier aus lässt sich Lombok problemlos über Land oder zu Wasser entdecken. Obwohl es mittlerweile Restaurants und Unterkünfte in allen Preisklassen gibt, ist Senggigi im Vergleich zu Balis Touristenzentren sehr ruhig und günstig geblieben.

SEHENSWERTES

Wer auf der Straße von Ampenan nach Senggigi fährt, kommt am kleinen Hindutempel *Pura Batu Bolong (tgl. 7–19 Uhr)* auf einem Felsen über der gleichnamigen Bucht vorbei. Der Tempel ist dem Schöpfergott Brahma geweiht, für den ein leerer Thron bereitsteht. Vor allem zu den Vollmondzeremonien kommen die Hindus aus Westlombok hierher. Von hier ist es noch ein kurzes Stück zum nächsten Felsen, dem *Batu Layar.* Auf diesem befindet sich das Grab des muslimischen Heiligen Syeh Syayid Muhammad al Bagdadi, der den Islam nach Lombok gebracht haben soll.

ESSEN & TRINKEN

Die meisten Restaurants bieten einen Fahrservice von und zu den außerhalb gelegenen Hotels an.

ASMARA

Ob Sasakspezialitäten, Pasta oder Steak: eines der besten Restaurants am Ort im klassischen Stil, das auch mit Kindermenü und einer Spielecke aufwarten kann. *Jl. Raya Senggigi | Tel. 0370 69 36 19 |* €€

INSIDER TIPP COCO BEACH

Im Kokospalmenhain nördlich von Senggigi steht eine Handvoll *berugaks* (Sitzpavillons) um eine Strandbar. Zu „Natural Food" aus dem eigenen Garten gibt es frische Drinks. Ideal zum Relaxen! *Pantai Kerandangan | Pintu 2 | Tel. 0817 5 78 00 55 |* €

DE QUAKE

Edle Seafoodkreationen und Cocktails bietet dieses schlicht eingerichtete Restaurant am Strand hinter dem Kunstmarkt. *Art Market | Jl. Raya Senggigi | Tel. 0370 69 36 94 |* €€

SQUARE

Das wohl schickste Restaurant in Senggigi mit einem der besten Chefköche aus Bali. In der Lounge im ersten Stock gibt's abends Clubmusik. *Jl. Raya Senggigi, km 8 | Tel. 0877 65 29 48 66 |* €€€

TEMPTATIONS

Bäckerei und Deli mit der vermutlich besten Auswahl westlicher Lebensmittel auf Lombok. Das Café bietet leckeres Frühstück und frische Mittagsküche. *Jl. Palm Raja 3 | Batu Bolong | Tel. 0370 69 34 63 |* €€

EINKAUFEN

Tagsüber sind überall am Strand fliegende Händler unterwegs. Auf dem *Kunstmarkt (pasar seni)* am nördlichen Ende des Orts gibt es Produkte aus ganz Lombok. Lebensmittel, Kosmetika und anderen täglichen Bedarf bekommen Sie in den kleinen Läden im Zentrum von Senggigi.

ASMARA ART SHOP

Der Laden vor dem gleichnamigen Restaurant verkauft schöne Stoffe und Kunsthandwerk gehobener Qualität. *Jl. Raya Senggigi | www.asmara-group.com*

AUTORE PEARL CULTURE

Eine der größten Perlenfarmen Lomboks, alle Perlen mit Echtheitszertifikat. Veranstaltet auch Touren. *Teluk Nare | www.pearlautore.com*

FREIZEIT & SPORT

Fast alle Tauchveranstalter haben ein Büro in Senggigi. Deutschspra-

chige Tauchkurse und -touren bieten *Dream Divers (Jl. Raya Senggigi kav. 15 | Tel. 0370 69 37 38 | www.dreamdivers-lombok.com)*.
Wer auf den Rinjani steigen will, kann sich beim *Rinjani Trekking Club (Jl. Senggigi Raya, km 8 | Batu Layar | Tel. 0370 69 32 02 | www.rinjanitrekclub.org)* informieren. Fahrzeugvermietung und Ausflüge organisiert zuverlässig *e-one Tours & Travel (Jl. Raya Senggigi (vor dem Asmara Artshop) | Tel. 0370 69 38 43 | www.lomboktoursandtravel.com)*.
Entspannung gibt es in den Spas der großen Hotels: Besonders empfehlenswert sind die Anwendungen im *Sheraton Senggigi Beach (Jl. Raya Senggigi | Tel. 0370 69 33 33)*. Ebenfalls sehr gute und viel günstigere Massagen bietet das einfache *Lemongrass Spa (Jl. Raya Senggigi | Tel. 0370 69 31 77)*.

STRÄNDE

Der Hauptstrand in Senggigi ist voller kleiner Stände, fliegender Händler, Fischer- und Ausflugsboote. Das *Senggigi Beach Hotel* vermietet für 30 000 Rp. Liegestühle – besonders beliebt zur Happy Hour mit Livemusik beim Sonnenuntergang. Am besten schwimmen lässt es sich am Strand von *Batu Bolong* vor dem Cafe Alberto. Der schöne Strand von *Mangsit* ist mittlerweile von Hotels besetzt, doch in den Buchten *Klui, Malimba* und *Nipah* finden sich noch sehr ruhige, palmengesäumte Strandabschnitte.

ÜBERNACHTEN

THE CHANDI

Das Boutiqueresort liegt am ruhigen Strand von Batu Layar. Restaurant, Beachbar, Pool und Spa. *15 Villen | Jl. Raya Senggigi | Batu Layar | Tel. 0370 69 21 98 | www.the-chandi.com* | €€€

JEEVA KLUI

Ganz im Naturstil präsentiert sich dieses weitläufige Boutiquehotel mit schickem Restaurant und Pool am ruhigen Strand von Klui. *35 Suiten | Jl. Raya Klui 1 | Tel. 0821 50 00 08 00 | jeevaklui.com* | €€€

KILA SENGGIGI BEACH HOTEL

Großzügige Hotelanlage an Senggigis zentralstem Strand. Drei Restaurants, zwei Bars, großer Pool und Sportanlagen. Im exklusiven *Pool Villa Club* des Hotels gibt es 16 zweistöckige Villen mit eigenem Jacuzzi und Poolzugang. *150 Zi. | Jl. Pantai Senggigi | Tel. 0370 69 32 10 | senggigibeachhotel.com* | €€–€€€

INSIDER TIPP MAMA BELLA'S RETREAT

Eine kleine Oase mitten im Dorf: Zehn Bungalows mit schilfgedeckten Dächern um einen schönen Pool, sehr freundlicher Service, 15 Min. zu Fuß zum Strand. *Jl. Arjuna Tiga 11 | kein Tel. | mamabellaslombokretreat.com* | €

INSIDER TIPP THE PUNCAK

Sehr freundliches Boutiquehotel ganz oben auf „The Hill", einem exklusiven Villenviertel oberhalb von Senggigi. Großartige Aussicht. *5 Zi. | The Hill | Batu Layar | Tel. 0821 47 10 45 37 | www.thepuncak.com* | €€

QUNCI VILLAS

Stylishes Boutiquehotel mit drei Pools direkt am Strand, Spa. Zwei sehr gute Restaurants mit asiatischer und westlicher Fusionküche, Strandbar. *80 Zi. | Jl. Raya Mangsit | Tel. 0370 69 38 00 | www.quncivillas.com* | €€–€€€

SENDOK GUEST HOUSE

Nettes Budgethotel im Zentrum, mit kleinem Pool und Restaurant. *18 Zi. | Jl. Raya Senggigi, km 8 | Tel. 0370 69 31 76 | www.sendokhotellombok.com* | €

SUNSETHOUSE
Kleines, modernes Hotel direkt am schönen Strand von Batu Bolong, mit Pool und romantischer Sunset-Bar. *32 Zi. | Jl. Raya Senggigi 66 | Batu Bolong | Tel. 0370 692020 | www.sunsethouse-lombok.com* | €–€€

ZIELE IN DER UMGEBUNG

BANYUMULEK UND SUKARARA ★ ●
(140 B–C4) (*Q–R8*)

Etwa 24 km von Senggigi liegt das Töpferdorf Banyumulek, dessen Tonwaren für ihr schlichtes Design berühmt sind und mittlerweile in die ganze Welt exportiert werden. Wenn Sie morgens kommen, können Sie den Töpfern beim Brennen zusehen. Rund 15 km weiter südöstlich stößt man auf das Webereizentrum Sukarara. Vor jedem Haus sitzen Frauen mit Webrahmen auf den gestreckten Beinen. Die kunstvoll gearbeiteten Stoffe werden im Laden des Dorfkollektivs verkauft.

GUNUNG PENGSONG
(140 B4) (*Q8*)

Der von frechen Affen bewohnte, verwunschen wirkende Hindutempel aus dem 16. Jh. steht 27 km von Senggigi auf einem Hügel. Von hier hat man einen wunderschönen Rundblick über West-Lombok und bei klarer Sicht bis zum Meer und zum Rinjani. Um für eine glückliche Ernte zu beten, wird hier jedes Jahr im März/April ein Büffel geopfert. *Tgl. 7–18 Uhr | Eintritt frei, Spende erbeten*

TIU PUPUS UND KERTA GANGGA
(140 C2) (*R6*)

4,5 km südlich von Gondang (ca. 30 km nördlich von Senggigi) rauscht der *Tiu-Pupus-Wasserfall* aus 50 m Höhe herab. Obwohl er in der Trockenzeit wenig Wasser führt, lohnt sich der Spaziergang. Noch einmal so weit ist der Weg zum beeindruckenden *Air Terjun Kerta Gangga,* einem zweistufigen Wasserfall mit Badebecken und Höhlen. Beide Wasserfälle sind auch mit dem Auto zu erreichen.

Schlichte Tongefäße entstehen in den kleinen Töpfereien Banyumuleks

GILIS

Wie auf einer Perlenkette aufgereiht liegen sie im türkis schimmernden Ozean vor der Nordwestküste Lomboks: Gili Air, Gili Meno und Gili Trawangan – meist nur „die Gilis" genannt, was nichts anderes als „kleine Inseln" bedeutet.

Strandurlauber, Schnorchler und Taucher finden hier ihr Paradies: Alle drei Eilande sind von Korallenriffen umgeben, zu denen man durch kristallklares Wasser direkt von den endlosen weißen ★ *Stränden* schwimmen kann. Von den Ostküsten der Inseln hat man eine spektakuläre Sicht auf den Vulkan Rinjani, am Abend richten sich die Blicke auf Balis Gunung Agung im Westen. Überall an den Stränden stehen kleine Bambuspavillons *(berugak)*, die zum Entspannen bei exotischen Drinks und Snacks einladen.

In den 1980er-Jahren entdeckten die ersten Backpacker die weitestgehend unbewohnten Gilis, auf denen zuvor lediglich einige Fischer aus dem nördlichen Sulawesi Kokospalmenhaine angelegt hatten. Bambushütten und Hängematten zwischen den Palmen sorgten für ein Robinson-Gefühl. Heute leben rund 4000 Menschen auf den autofreien Gilis. Die überwiegend muslimische Bevölkerung ist sehr tolerant, sodass das Urlaubsvergnügen selbst im Ramadan ungetrübt ist. Dennoch sollten Besucher gewisse Grundregeln einhalten und z. B. auf keinen Fall nackt baden.

Richtig in Schwung kam der Tourismus erst im letzten Jahrzehnt durch eine Regierungskampagne und massive Investitionen aus dem Ausland, dank deren

Bild: Gili Meno

Korallenriffe im kristallklaren Meer und Bambusbungalows in Kokoshainen bilden die Kulisse für eine moderne Robinsonade

u. a. die direkte Anreise von Bali möglich wurde. Vor allem *Gili Trawangan* hat sich zu einer Partyinsel entwickelt. Auch auf *Gili Air* machen zunehmend mehr Cafés, Bars und schicke Resorts auf, wobei es immer noch sehr idyllische Rückzugsorte gibt. *Gili Meno* konnte dagegen seine ruhige Aussteigeratmosphäre bewahren. Auf allen drei Inseln sind Pferdewagen und Fahrräder die einzigen Fortbewegungsmittel.

Um zu den wirklich schönen Schnorchel- und Tauchgebieten in der ★ *Unterwasserwelt* vor den Gilis zu gelangen, müssen Sie sich jedoch ein Boot mieten, da die inselnahen Korallen vom früheren Dynamitfischen stark mitgenommen sind. Der Gili Eco Trust hat deshalb begonnen, auf künstlichen Riffen neue Korallen anzusiedeln. Umweltbewusstsein spielt auf den kleinen Inseln generell eine große Rolle: Um Müll zu vermeiden, füllen z. B. Läden und Cafés geleerte Wasserflaschen wieder auf. Trinkwasser auf den Gilis ist knapp und das Leitungswasser meist recht salzig.

Einen kurzen Bootstrip von den Gilis entfernt tut sich ein Eldorado für Taucher auf

Auf den Inseln sorgen nicht uniformierten Polizisten, sondern zivile Aufpasser für Sicherheit. Auf Gili Trawangan gibt es mittlerweile zahlreiche Bankautomaten, auch auf Gili Air und Gili Meno können Sie Geld an einem ATM ziehen. Kreditkarten akzeptieren nur größere Hotels und Restaurants sowie die meisten Tauchveranstalter. Da die Übertragung jedoch nicht immer funktioniert, ist es dennoch empfehlenswert, ausreichend Bargeld mitzunehmen. Kleine Kliniken bieten gesundheitliche Erstversorgung, bei ernsten Erkrankungen sollte man so schnell wie möglich nach Lombok oder Bali übersetzen. Mobilfunkempfang und WLAN gibt es auf allen drei Inseln.

Die Überfahrt ist von Bali oder Lombok aus möglich *(Schnellboote von Benoa oder Padang Bai | ab 45 Euro, 1,5 Std. | gili-fastboat.com; ab Senggigi mit Perama Tour | 150 000 Rp., 30 Min. | www.peramatour.com)*. Von *Bangsal* aus und zwischen den Inseln verkehren öffentliche Shuttles und private Motorboote.

GILI AIR

(143 D–F 4–6) (*m s–u 4–6*) **Wer keine Lust auf Party hat, aber trotzdem Gesellschaft will, ist auf Gili Air richtig – vor allem Familien kommen gern hierher.** Die „Wasserinsel“, was der Name auf Indonesisch bedeutet, liegt Lombok am nächsten und ist mit rund 1500 Einwohnern dichter besiedelt als die anderen Gilis. Auf dem mit Kokoshainen bewachsenen Eiland gibt es hauptsächlich einfache Bungalowresorts und Strandcafés, doch entstehen immer mehr Restaurants und Unterkünfte. Die meisten sind über den Strandweg erreichbar, der rund um die Insel führt. Im Südosten ist die beste Stelle zum Schwimmen und Schnorcheln. Die Einkaufsmöglichkeiten sind beschränkt.

ESSEN & TRINKEN

CHILL OUT BAR (143 F6) *(🗺 u6)*
Vom Frühstück mit frischen Säften bis hin zum Seafood BBQ samt Cocktails – am belebtesten Strandabschnitt im Südosten. *Tel. 0370 62 03 70* | €€

GILI AIR SANTAY (143 F5) *(🗺 u5)*
Eine Institution auf der Insel, beliebt wegen der hausgemachten Thai-Currys und Shakes nur aus frischen und lokalen Zutaten. Eines der ersten Restaurants mit Müllrecycling. *Im Nordosten | Tel. 0819 64 15 99 37 82* | €

THE MEXICAN KITCHEN
(143 E4) *(🗺 t4)*
Tacos, Cocktails und Salsa-Musik sind vor allem zur Sunset-Happy-Hour sehr beliebt. Livemusik am Wochenende. *Bintang Beach Tanjung | im Nordwesten | Tel. 0878 64 12 22 00* | €–€€

MOWIE'S BAR (143 E6) *(🗺 t6)*
Gesunde Sandwiches und Powerdrinks, vegetarische Gerichte und Raw Food, dazu erstklassiger Blick auf den Sonnenuntergang. *Im Südwesten | Tel. 0878 64 23 13 84* | €

FREIZEIT & SPORT

Die meisten Unterkünfte organisieren Schnorchel- und Angelausflüge und verleihen die Ausrüstung. Professionelle Tauchkurse und -touren bieten *Dream Divers (deutschsprachige Kurse | Tel. 0370 63 45 47 | dreamdivers.com |* (143 F6) *(🗺 u6)), Blue Marlin Dive (Tel. 0370 63 99 80 | www.bluemarlindive.com |* (143 F5) *(🗺 u6))* oder im ausgezeichneten Tauchresort *Manta Dive (Tel. 0813 37 78 90 47 | www.manta-dive-giliair.com |* (143 F6) *(🗺 u6)). H_2O Yoga (Tel. 0877 61 03 88 36 | www.h2oyogaandmeditation.com |* (143 E–F5) *(🗺 t–u5))* bietet im Osten der Insel Yogakurse und Meditationsretreats, außerdem gute Massagen.

ÜBERNACHTEN

BIBA BEACH VILLAGE (143 F5) *(🗺 u5)*
Farbenfrohe Bungalowanlage mit gutem italienischen Restaurant direkt am Oststrand. *10 Zi. | Tel. 0819 17 27 46 48* | €

DAMAI BUNGALOWS (143 F5) *(🗺 u5)*
Vier einfache, saubere Bungalows mit Pool und Café an einem der besten Schnorchelspots im ruhigeren Nordosten. *Tel. 0370 37 36 96 15 | damaibungalows.giliair@gmail.com* | €–€€

INSIDER TIPP **MANUSIA DUNIA GREEN LODGE** (143 E5) *(🗺 t5)*
Kleines Eco-Resort mit schönem Garten im Westen. Die liebevoll eingerichteten Bungalows sind aus Naturmaterialien. Großartiger Service. *6 Zi. | Jl. Pantai Barat | Tel. 0878 64 49 02 82 | www.manusiadunia.com* | €€

MARCO POLO HIGHLIGHTS

★ **Strände**
In Bambuspavillons an den langen weißen Sandstränden relaxen → S. 90

★ **Unterwasserwelt**
Korallen, Fische und Meeresschildkröten faszinieren Schnorchler und Taucher → S. 91

★ **Nachtleben**
Ob im gemütlichen Irish Pub oder in einer coolen Lounge – Partyfans können auf Trawangan feiern bis zum Umfallen → S. 95

SENANG VILLA (143 E6) (*t6*)
Fünf moderne Bungalows um einen Pool, 50 m vom Südweststrand entfernt, der vor allem zu Sonnenuntergang beliebt ist. *Tel. 0878 64 85 67 86 | www.senang-villa.com* | €€

GILI MENO

(143 D–F 1–3) (*s–u 1–3*) Gili Meno („Salzinsel") vermittelt Robinson-Gefühl: Sie ist die kleinste und ruhigste der drei Inseln.
In anderthalb Stunden lässt sich die Insel, die ihren Namen dem Salzsee im Westen verdankt, zu Fuß umrunden. Die schönsten Schnorchelspots liegen im Nordwesten, Nordosten und Südosten der Insel. Vor dem Gazebo Hotel direkt am Hauptweg gibt es eine kleine *Schildkrötenstation,* die über die gefährdeten Meeresbewohner informiert.

ESSEN & TRINKEN

INSIDER TIPP ANA'S WARUNG
(143 F1) (*u1*)
Gute indonesische Küche, die in großen Portionen an einem der besten Schnorchelspots serviert wird. Abends frisches Seafood-BBQ. *Im Nordosten | Tel. 0878 61 69 63 15* | €€

DIANA CAFÉ (143 D2) (*s2*)
Mit Muscheln behängte Strand-*Berugaks* (Sitzpavillons) mit bestem Blick auf den Sonnenuntergang, dazu kühles Bier, gegrillter Fisch und Reggae. *Im Westen direkt oberhalb des Salzsees | kein Tel.* | €

MAHAMAYA BOUTIQUE RESORT RESTAURANT (143 D1) (*d1*)
im schicken Strandrestaurant des gleichnamigen Boutique-Resorts genießen Sie frisches Seafood und internationale Gerichte aus Biozutaten und den Blick auf den Sonnenuntergang. *Nördlich des Salzsees | Tel. 0888 71 55 82 8* | €€

FREIZEIT & SPORT

Für Taucher und Schnorchler ist die *Gili-Meno-Wand* im Nordwesten mit seltenen Korallen, Fischen und Meeresschildkröten die Attraktion. Alle Tauchcenter auf den Gilis bieten Touren nach Gili Meno an, auf der Insel selbst gibt es *Blue Marlin Dive (Tel. 0819 07 41 20 24 | www.bluemarlindive.com |* (143 F2–3) (*u2–3*)) und *Divine Divers (Tel. 0852 40 57 07 77 | www.divinedivers.com |* (143 F2–3) (*u2–3*)). Schnorchelausflüge organisieren fast alle Unterkünfte, Yogakurse gibt es bei *Mao Meno (www.mao-meno.com |* (143 E3) (*t3*)).

ÜBERNACHTEN

KEBUN KUPU KUPU ECO RESORT
(143 E2) (*t2*)
Stylische Bungalowanlage mit Pool, Garten und Restaurant in ruhiger Lage am Salzsee. Abwasser- und Müllmanagement, Solarstrom. *6 Zi. | Tel. 0878 65 73 24 31 | www.kupumenoresort.com* | €€

LOW BUDG€T

Tickets für Schnellboote von und nach Bali gibt es oft billiger direkt beim Bootsunternehmen als bei Reisebüros und Agenten.

Anstatt mit Charterbooten zwischen den Inseln zu verkehren, können Sie auch die öffentlichen Shuttleboote nutzen – aber Geduld: Der Fahrplan ist nicht immer zuverlässig.

VILLA NAUTILUS (143 F2–3) (*u2–3*)
Hier kommen die Gäste in fünf komfortablen Steinbungalows mit Klimaanlage, Warmwasser und Sonnendeck unter. Strandcafé. *Am Hauptstrand im Südosten | Tel. 0370 642143 | www.villanautilus.com* | €€

Als Partyinsel und von manchen Medien als „fernöstliches Ibiza" gefeiert, lockt Trawangan Urlauber, die nicht auf ein spektakuläres ★ *Nachtleben* verzichten wollen. Schon zum Sunsetcocktail drehen die meisten Cafés und Bars die Musik dröhnend auf, danach kann man

Unvergesslich schön: der Sonnenuntergang vor Gili Trawangan mit Vulkankulisse

zu Loungemusik chillen, zu Oldies abtanzen oder zu Techno raven. Doch tagsüber dreht sich auch hier alles ums Wasser.
Um Unglück von den Gilis fernzuhalten, findet auf Trawangan immer am Ende des islamischen *Safar*-Monats das *Mandi-Sapar-Baderitual* statt: Hunderte von Menschen tragen Opfergaben zum Meer, um anschließend gemeinsam baden zu gehen. Zugleich werden frisch geschlüpfte Meeresschildkröten frei gelassen. Zum Schutz der bedrohten Tiere hat eine lokale Initiative im Nordosten der Insel eine *Schildkrötenstation (tgl. 8–18 Uhr | Spenden erbeten)* eingerichtet.
Für Romantiker: Den besten Blick auf Sonnenauf- und -untergang vor den Vulkanen von Bali und Lombok hat man

INSIDER TIPP **VILLA SAYANG**
(143 E1) (*t1*)
Zwei liebevoll eingerichtete Villen mit getrenntem Wohnbereich, Küche, Open-Air-Bad, Putzservice in einem weitläufigen Garten landeinwärts. Ideal für Familien. *Nördlich vom Bootsanleger | Tel. 0818 361052 | villasayanggilimeno.com* | €€

GILI TRAWANGAN

(142 A–C 2–5) (*p–r 2–5*) **Gili Trawangan ist die größte und touristischste der Gilis mit vielen Hotels und Restaurants in allen Preisklassen.**

von der Spitze des kleinen Hügels im Süden der Insel.

ESSEN & TRINKEN

KARMA KAYAK (142 B2) *(q2)*
Mit Blick auf den Sonnenuntergang Tapas und Sangria genießen. *Am Nordstrand | Tel. 0818 05 59 37 10 |* €

KAYU CAFÉ (142 C4) *(r4)*
Im hölzernen Vintage-Setting und auf der Beachterrasse werden selbst gebackene und frisch belegte Brote, Kuchen, knackige Salate und gesunde Smoothies serviert. *Nördlich des Hafens | Tel. 0878 65 73 81 82 |* €€

NIGHT MARKET (PASAR SENI)
(142 C4) *(r4)*
Wenn die Sonne untergegangen ist, probieren sich hier Einheimische wie Touristen an zahlreichen Essensständen durch die authentische indonesische Küche. *Beim Hafen |* €

PEARL BEACH LOUNGE (142 C5) *(r5)*
Geschwungene Bambusarchitektur am Strand mit Menükarte von Asien bis Amerika. *Im Südosten | Tel. 0813 37 15 69 99 |* €€€

INSIDER TIPP **THE YOGA PLACE GARDEN CAFÉ** (142 B4) *(q4)*
Versteckt am Hügel hinter dem Dorf liegt dieses einfache Biocafé mit feinen vegetarischen Gerichten und tollen Säften. Auch im Angebot: Yogakurse. *Jl. Ikan Pelatuk | Tel. 0852 39 17 15 50 |* €–€€

EINKAUFEN

Außer der Grundversorgung an Lebensmitteln, Kosmetikartikeln und Postkarten gibt es lokale Souvenirs sowie Tauch- und Schnorchelausrüstungen zu kaufen. Immer mehr Boutiquen bieten auch Kleider und Accessoires an. Am Hafen findet jeden Abend ein *Kunstmarkt (pasar seni)* statt, wo Händler günstige T-Shirts, *sarongs* und Kunsthandwerk anbieten, dazu gibt es lokale Gerichte bei den Garküchen.

FREIZEIT & SPORT

Rund um die Insel liegen viele Schnorchel- und Tauchspots, an denen Schildkröten, Mantarochen oder sogar kleine Haie gesichtet werden. Auf Trawangan organisieren auch kleinere Veranstalter Tauchkurse und Touren. Bewährt haben sich die großen: *Dream Divers (deutschsprachige Kurse | Tel. 0370 6 13 44 96 | www.dreamdivers-lombok.com |* (142 C4) *(r4)), Blue Marlin Dive (Tel. 0370 6 13 24 24 | www.bluemarlindive.com |* (142 C4) *(r4)), Manta Dive (Tel. 0370 6 14 36 49 | www.manta-dive.com |* (142 C3) *(r3)).*

Im Nordwesten der Insel finden Sportfischer die besten Fischgründe. Ausflüge organisiert z. B. *Ko-Ko-Mo (Tel. 0370 6 13 49 20 | kokomogilit@ozemail.com.au |* (142 B5) *(q5)).* Wer die Insel nicht zu Fuß umrunden will (ca. 3 Std.), kann sich auch ein Pferd mieten *(Stud Stables | 0878 61 79 15 65 |* (142 B5) *(q5)).* Tägliche Yogaklassen gibt es bei *Gili Yoga (Tel. 0370 6 14 05 03 | www.giliyoga.com |* (142 C4) *(r4)).*

AM ABEND

Die ganze Ostküste der Insel ist eine Ausgehmeile. Ein offizieller Partyplan legt fest, wo nach 2 Uhr morgens weitergefeiert werden darf: montags im *Blue Marlin* (142 C4) *(r4)*, mittwochs in der Irish Bar *Tir Na Nog* (142 C5) *(r5)*, freitags in *Rudy's Pub* (142 C4) *(r4)* und samstags im *Sama-Sama* (142 C3) *(r3)*. Allerdings wird inzwischen fast jede Nacht an mehreren Orten Party gemacht – auch auf dem Boot. Monatlich findet am Südstrand der *Fullmoon Rave* statt. Fragen Sie im Hotel nach speziellen Events.

ÜBERNACHTEN

DESA DUNIA BEDA (142 B2) (*q2*)
Geschmackvoll eingerichtete Bungalows im *Joglo*-Stil (Dach mit pyramidenartigem Aufbau), Pool und großer Garten, Strandrestaurant. *12 Zi. | im Nordwesten | Tel. 0370 6 14 15 75 | www.desaduniabeda.com* | €€–€€€

INSIDER TIPP **EXILE** (142 B5) (*q5*)
Schlichte, saubere Bambusbungalows mit Open-Air-Bad im ruhigen Südwesten bieten echtes Insel-Feeling, romantische Strandbar mit Sunset-Drumming, ökologisches Wasser- und Müllmanagement. *Nördlich vom Sunsetpoint | Tel. 0819 07 22 90 53 | lombokhomes@gmail.com* | €

GILI ECO BUNGALOWS
(142 B2) (*q2*)
Neun komfortable Bungalows mit offenem Wohnzimmer und eigener Küche. Weitläufiger Garten, Salzwasserpool, Restaurant und Spa mit Bioprodukten, Korallenprojekt am Strand. *10 Zi. | im Nordwesten | Tel. 0361 8 47 64 19 | www.giliecovillas.com* | €€

LUCE D'ALMA RESORT
(142 B3) (*q3*)
Modernes Luxushotel mit Pool, Spa und italienischem Restaurant, eigenem Hydrauliksystem und Solarstrom. *16 Zi. | im Norden, etwas landeinwärts | Tel. 0370 62 17 77 | lucedalmaresort.com* | €€€

PONDOK SANTI (142 A–B5) (*p–q5*)
Zehn schöne Bungalows in einem sehr gepflegten, weitläufigen Kokospalmenhain am Südstrand, Ausbildungs- und Umweltprojekt direkt hinter der Anlage. *Nähe Sunsetpoint | Tel. 0370 6 14 51 86 | www.pondoksanti.com* | €€€

Wer nicht zu Fuß gehen möchte, nimmt einfach in einem der Pferdewagen Platz

ERLEBNISTOUREN

1 BALI, LOMBOK UND DIE GILIS PERFEKT IM ÜBERBLICK

START: 1 Seminyak
ZIEL: 30 Kuta

Strecke:
493 km

10 Tage
reine Fahrzeit 17 Stunden

KOSTEN: 1800 Euro für 2 Personen für Transport, Unterkunft, Verpflegung, Eintritte
MITNEHMEN: Trinkwasser, Badesachen, Sonnen- und Moskitoschutz, in der Regenzeit Regenschutz

ACHTUNG: 7 **Ubud:** Die Radtour setzt Fitness voraus; 16 **Padang Bai:** Die Überfahrt auf die Gilis im Voraus buchen; 17 **Gili Meno:** Den abendlichen Ausflug nach 18 **Gili Trawangan** im Voraus über Ihre Unterkunft organisieren

Jeder Zipfel dieser Erde hat seine eigene Schönheit. Wenn Sie Lust haben, die einzigartigen Besonderheiten dieser Region zu entdecken, wenn Sie tolle Tipps für lohnende Stopps, atemberaubende Orte, ausgewählte Restaurants oder typische Aktivitäten bekommen wollen, dann sind diese maßgeschneiderten Erlebnistouren genau das Richtige für Sie. Machen Sie sich auf den Weg und folgen Sie den Spuren der MARCO POLO Autoren – ganz bequem und mit der digitalen Routenführung, die Sie sich über den QR-Code auf S. 2/3 oder die URL in der Fußzeile zu jeder Tour downloaden können.

Erleben Sie die vielen Facetten der Inseln: schicke Strandorte und kulturelle Zentren auf Bali, die kleinen Gilis mit ihrer paradiesischen (Unterwasser-)Welt sowie malerische Buchten und uralte Traditionen auf Lombok.

Der ideale Ort, um auf **Bali** anzukommen, ist **① Seminyak → S. 61**. Kurieren Sie Ihren Jetlag bei einem Bummel entlang der Boutiquen und Cafés in der **Jl. Kayu Aya** und genießen Sie Ihren ersten Sunsetdrink im legendären Beachclub **Ku Dé Ta → S. 64**. Neben erstklassiger Musik gibt es dort vorzügliches Essen. Richtig ausschlafen kön-

TAG 1–2
① Seminyak
35 km

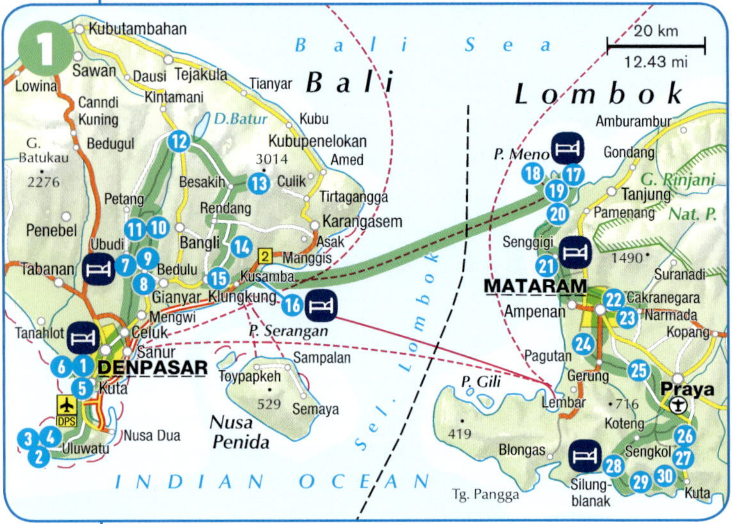

nen Sie sich in **Tony's Villas & Resort → S. 65**, wo Sie für zwei Nächte einchecken. Am zweiten Tag machen Sie einen Mopedausflug auf die **Bukit-Halbinsel → S. 37** und besichtigen den Tempel **❷ Pura Luhur Uluwatu → S. 37**, der spektakulär auf den Klippen thront. **Eine kleine Straße** führt von dort zu den Buchten **❸ Suluban → S. 38** und **❹ Padang-Padang → S. 38**, wo Sie sich selbst aufs Brett wagen oder von der Steilküste aus den besten Surfern der Insel zusehen und natürlich baden. Auf dem Rückweg sollten Sie **❺ Kuta → S. 44** mit seiner Souvenirmeile und später die Clubszene in **❻ Petitenget** erkunden.

❼ Ubud → S. 66, Balis Kultur- und Wellnesszentrum, erreichen Sie mit dem Perama-Shuttle-Bus → S. 123. Nach einem Besuch im Museum **Puri Lukisan → S. 68** spazieren Sie zur **Sari-Organik-Farm → S. 69**, um inmitten von Reisfeldern köstliche Biogerichte zu probieren. **Ein Rundweg** führt zum **Ubud Sari Health Resort** *(Jl. Kaleng 35 | Tel. 0361 97 43 93 | www.ubudsari.com)*, das Massagen in offenen Gartenpavillons anbietet. Herrlich entspannt sehen Sie sich abends im **Puri Saren → S. 68** den dramatischen Kecak-Feuertanz an, bevor Sie im **Tjampuhan Hotel → S. 72** nächtigen, in dem Sie auch die folgende Nacht verbringen. Am nächsten Tag leihen Sie sich ein Mountainbike und radeln über die Elefantenhöhle **❽ Goa Gajah →**

❷ Pura Luhur Uluwatu

2 km

❸ Suluban

2 km

❹ Padang-Padang

23 km

❺ Kuta

9 km

❻ Petitenget

TAG 3–4

36 km

❼ Ubud

11 km

❽ Goa Gajah

3 km

S. 72 zur alten Königsstadt **⑨ Pejeng → S. 73** und weiter nach **⑩ Tampaksiring** zur mystischen Grabstätte **Gunung Kawi → S. 73** und den heiligen Quellen **Tirta Empul → S. 73**. Fahren Sie **über die malerischen Reisterrassen** von **⑪ Tegalalang** *(Eintritt 10 000 Rp.)* zurück.

Mieten Sie sich heute ein Auto mit Fahrer. Ihr erstes Ziel ist der Aussichtspunkt **⑫ Penelokan → S. 73** mit zahlreichen Straßencafés, von denen Sie einen großartigen Blick auf den aktiven Vulkan Gunung Batur → S. 73 haben. **Über Bergstraßen** geht es zum **⑬ Pura Besakih → S. 41 am Hang des Gunung Agung → S. 40**, Balis höchstem Vulkan. **Üppig bewachsene Serpentinen führen von hier nach Sidemen**, wo Sie bei einem rustikalen Mahl im *warung* **⑭ Ume Anyar** *(tgl. | Tel. 0852 38 72 71 99 | €)* traumhafte Blicke über tiefgrüne Reisterrassen genießen. **Weiter südlich** sollten Sie sich bei einem Bummel durch **⑮ Klungkung → S. 55** die alte Gerichtshalle **Kerta Gosa → S. 55** ansehen, mit ihren beeindruckenden Deckenmalereien. Entspannen Sie sich am Abend am Pool, im Spa und im Restaurant Ihrer Unterkunft, dem luftig gelegenen **Bloo Lagoon Village → S. 54** hoch über **⑯ Padang Bai → S. 54**.

Am Morgen lassen Sie sich zum **Fährhafen** bringen, um mit einem Schnellboot auf **⑰ Gili Meno → S. 94** überzusetzen. Hier lässt es sich wunderbar entspannen, besonders schön in der **Villa Sayang → S. 95**, wo Sie zwei Nächte bleiben. Mieten Sie am nächsten Tag ein Boot samt Schnorchel- oder Tauchausrüstung: Die Skipper wissen, wo es die schönsten Korallen oder Meeresschildkröten gibt. Zum Sonnenuntergang lassen Sie sich auf **⑱ Gili Trawangan → S. 95** absetzen, um ins dortige Nachtleben abzutauchen, bevor Sie ein Boot nach **⑲ Gili Meno** zurückbringt.

Ihr nächstes Ziel ist **Lombok**: Das Schnellboot läuft **⑳ Teluk Nare** an, wo Sie die Perlenfarm **Autore → S. 87** besichtigen und alles über die Zucht von Südseeperlen erfahren. Steigen Sie danach in ein Taxi, das Sie **auf der Küstenstraße** nach **㉑ Senggigi → S. 86** bringt. Genießen Sie die relaxte Atmosphäre in Lomboks Touristenzentrum und gönnen Sie sich zum Sonnenuntergang ein Abendessen samt Übernachtung in den edlen **Qunci Villas → S. 88**.

Im Auto mit Chauffeur begeben Sie sich auf kulturelle Entdeckungstour zu den Tempelanlagen **㉒ Pura Lingsar → S. 81** und **㉓ Taman Narmada → S. 82**. Von dort geht es

- ⑨ Pejeng
- 13 km
- ⑩ Tampaksiring
- 10 km
- ⑪ Tegalalang
- **TAG 5**
- 41 km
- ⑫ Penelokan
- 20 km
- ⑬ Pura Besakih
- 21 km
- ⑭ Ume Anyar
- 15 km
- ⑮ Klungkung
- 17 km
- ⑯ Padang Bai
- **TAG 6–7**
- 76 km
- ⑰ Gili Meno
- 5 km
- ⑱ Gili Trawangan
- 4 km
- ⑲ Gili Meno
- **TAG 8**
- 11 km
- ⑳ Teluk Nare
- 20 km
- ㉑ Senggigi
- **TAG 9–10**
- 29 km
- ㉒ Pura Lingsar
- 5 km
- ㉓ Taman Narmada
- 16 km

24 Banyumulek
16 km
25 Sukarara
18 km
26 Rambitan
1 km
27 Sade
24 km
28 Selong Belanak
10 km
29 Mawun
11 km
30 Kuta

zu den Kunsthandwerkerdörfern 24 **Banyumulek → S. 89** und 25 **Sukarara → S. 89**, wo Sie günstig Tonwaren und Webstoffe erstehen können. Schließlich besuchen Sie die traditionellen Sasakdörfer 26 **Rambitan → S. 79** und 27 **Sade → S. 79** und erfahren hautnah, wie einfach Lomboks Ureinwohner leben. Von hier fahren Sie wieder **Richtung Norden, bis hinter Sengkol eine Straße in Richtung** 28 **Selong Belanak → S. 78** abgeht. Freuen Sie sich an diesem Traumstrand auf ein köstliches Abendessen und zwei ruhige Nächte in den **Sempiak Villas → S. 78**.

Weitere versteckte Buchten **an der Küstenstraße** erkunden Sie am besten mit dem Moped. Legen Sie in 29 **Mawun → S. 78** noch einen Stopp für einen letzten Wellenritt oder ein Bad ein, bevor Sie 30 **Kuta → S. 76** erreichen. Nach einem Bummel durch das Fischerdorf lassen Sie die Tour im Restaurant **Ashtari → S. 77** ausklingen.

2 AUSZEIT IM HOCHLAND

START: 1 Ubud **ZIEL:** 11 Lovina	**2 Tage** reine Fahrzeit 6 Stunden
Strecke: **113 km**	

KOSTEN: 350 Euro für 2 Personen für Mietwagen inkl. Fahrer und Benzin, Übernachtung, Tourguides, Fahrräder, Verpflegung, Eintritte
MITNEHMEN: Feste Schuhe, Badesachen, Sonnen- und Moskitoschutz, Trinkwasser, in der Regenzeit Regenschutz

ACHTUNG: 5 **Tanah-Barak-Wasserfall:** Guide im Voraus über die 6 **Puri Lumbung Cottages** buchen

Zur Ruhe kommen und dabei viel erleben: In Balis zentralem Hochland genießen Sie die Natur und lassen sich im Spa verwöhnen, Sie relaxen in heißen Quellen und meditieren in Balis einzigem buddhistischen Kloster.

TAG 1
1 Ubud
43 km
2 Candikuning

Ihr Fahrer wartet bereits früh in 1 **Ubud → S. 66** auf Sie und bringt Sie **über die Hauptstraße nach Bedugul Richtung Norden** an Reisfeldern und Obstplantagen vorbei bis 2 **Candikuning → S. 50** auf rund 1500 m Höhe. Die Gegend gilt als landwirtschaftliches Herz Balis, da wegen des kühlen Bergklimas Obst, Gemüse und Blumen hier besonders gut gedeihen. Nehmen Sie sich Zeit und probieren Sie auf dem **Dorfmarkt** *(tgl.)* frische Früchte oder würzige Spe-

Mit ein bisschen Glück begrüßt Sie an Ihrem Zielort Lovina ein Delphin

zialitäten, denn hier werden auch Chili, Muskatnuss und Kurkuma angebaut. Für eine Frühstückspause bietet sich der originelle INSIDER TIPP **Eat Drink Love Coffee Shop** (€) mitten auf dem Marktplatz an. **Etwas weiter die Straße hinunter** stoßen Sie auf den **3 Pura Ulun Danu Bratan** → S. 50, der auf einer kleinen Insel im Bratan-See liegt: Bei klarem Wetter spiegelt sich der elfstufige Tempelschrein vor der imposanten Bergkulisse im Wasser. Die Balinesen bitten hier die Seegöttin um Wasser für ihre Felder.

1 km

3 Pura Ulun Danu Bratan

Fahren Sie 5 km weiter in den Norden, und biegen Sie bei Yehketipat links zum Danau Buyan und Danau Tamblingan → S. 50 ab. Die schmale Straße führt hoch über dem Nordufer, das von Kaffee- und Obstplantagen gesäumt ist, an den türkis schimmernden Seen entlang. Am gegenüberliegenden Ufer türmen sich die Berghänge des Gunung Batukaru → S. 65 auf, im Norden reicht der Blick bis hinunter zum fernen Meer.

20 km

Im Dörfchen **Munduk** → S. 50 stärken Sie sich mit einem balinesischen Mahl im **4 Restaurant** der wunderschön gelegenen **Puri Lumbung Cottages** → S. 51, wo Sie auch übernachten. Von dort wandern Sie mit einem Guide durch Kaffee-, Vanille-, Nelken- und Avocadoplantagen bis zum

4 Restaurant

2 km

- ❺ Tanah-Barak-Wasserfall
- 2 km
- ❻ Puri Lumbung Cottages
- TAG 2
- 16 km
- ❼ Pedawa
- 5 km
- ❽ Sidetapa
- 8 km
- ❾ Banjar
- 3 km
- ❿ Brahmavihara Arama
- 13 km
- ⓫ Lovina

❺ **Tanah-Barak-Wasserfall** *(tgl. 8–16 Uhr | Eintritt 5000 Rp.)*. Aus 15 m Höhe stürzt das Wasser in den natürlichen Pool – eine herrliche Erfrischung. Auf dem Rückweg der rund dreistündigen Wanderung lassen Sie sich von Ihrem Guide den Reisanbau erklären. Zurück in den ❻ **Puri Lumbung Cottages** gönnen Sie sich eine balinesische Massage und genießen den Blick von der Sunsetbar des Hotels.

Heute radeln Sie mit Ihrem lokalen Führer durch traditionelle Dörfer wie ❼ **Pedawa** und ❽ **Sidetapa**, wo Sie bei der Herstellung von Palmzucker und Kunsthandwerk aus Bambus zusehen können. Durch tiefgrüne Reisterrassen geht die rund vierstündige Tour **weiter abwärts** bis zu den heißen Quellen von ❾ **Banjar** → S. 49, wo Sie bereits Ihr Fahrer samt Gepäck erwartet. Packen Sie spätestens hier Ihr Lunchpaket, das Sie sich im Hotel mitgeben haben lassen, aus und entspannen Sie sich bei einem Bad im 38 Grad warmen, schwefelhaltigen Wasser, das aus gemeißelten Speiern sprudelt und heilsame Wirkung haben soll.

Nur zehn Minuten entfernt liegt Balis größter buddhistischer Tempel und einziges aktives buddhistisches Kloster ❿ **Brahmavihara Arama** → S. 49. Hier können Sie meditieren oder einfach die Stille und den wunderschönen Blick aufs Meer genießen. Bis zu Ihrem Ziel, ⓫ **Lovina** → S. 48 mit seinen schwarzen Sandstränden, sind es nur noch 13 km. Besonders empfehlenswert zum Dinner und Übernachten ist dort **The Damai** → S. 49.

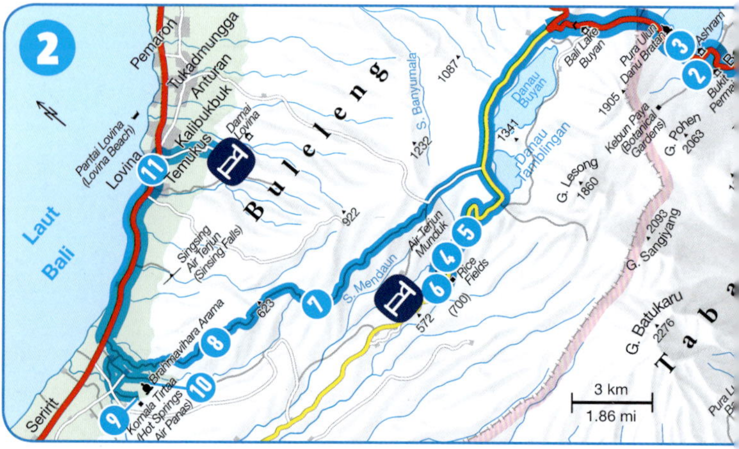

3 MYSTISCHE TEMPEL, REISKULTUR UND EIN VULKAN

START: ❶ **Seminyak**
ZIEL: ❶ **Seminyak**

Strecke:
120 km

1 Tag
reine Fahrzeit
4 Stunden

KOSTEN: 85 Euro für 2 Personen für Mietwagen inkl. Fahrer und Benzin, Verpflegung, Eintritte
MITNEHMEN: Feste Schuhe, Wasser, Moskitoschutz

ACHTUNG: Die Straßen um ❺ **Jatiluwih** sind zum Teil sehr schlecht. ❻ **Pura Tanah Lot:** Passen Sie auf Ihre Wertsachen auf!

Drei Tempel und das ausgeklügelte balinesische Reisanbausystem lernen Sie bei diesem Tagesausflug kennen, der seinen buchstäblichen Höhepunkt auf dem zweithöchsten Vulkan der Insel findet.

08:00 Von ❶ **Seminyak** **→ S. 61** geht es im Mietwagen samt Fahrer nach **Mengwi** **→ S. 65** zum 1634 gegründeten ❷ **Pura Taman Ayun** **→ S. 65**. Der Tempel der Königsfamilie von Mengwi ist von einem Wassergraben voller Lotusblumen umgeben. Der frühe Aufbruch hat sich gelohnt, denn Sie haben noch Gelegenheit, in Ruhe den Garten zu genießen, bevor die Reisegruppen eintreffen.

❶ **Seminyak**
20 km
❷ **Pura Taman Ayun**
8 km

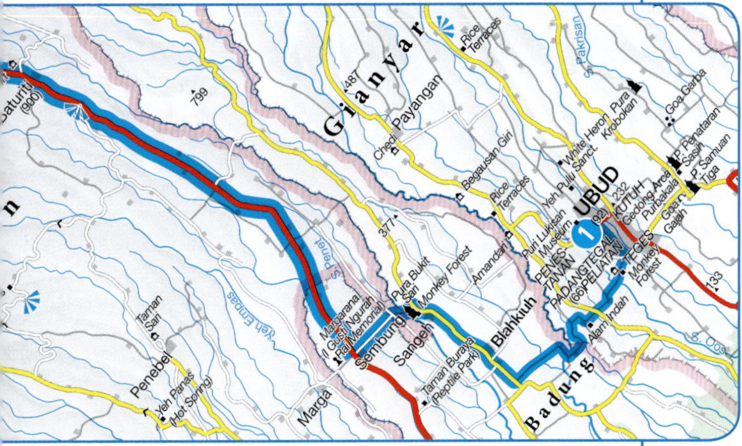

③ Subak-Museum

23 km

④ Pura Luhur Batukaru

9 km

⑤ Jatiluwih

43 km

⑥ Pura Tanah Lot

17 km

① Seminyak

Weiter geht es **Richtung Tabanan → S. 66**, das als Reiskammer Balis bekannt ist. Kurz vor dem Handelsstädtchen liegt das kleine, aber sehr interessante ③ INSIDER TIPP **Subak-Museum** *(tgl. 8–17 Uhr | Eintritt 15 000 Rp.)*, in dem der Reisanbau und das komplexe Bewässerungssystem erklärt werden. Das auf demokratischen und egalitären Grundregeln sowie dem Einklang der spirituellen Welt mit Mensch und Natur beruhende *Subak*-System zählt zum Unesco-Weltkulturerbe.

Von Tabanan führt eine Straße in den Norden auf den üppig bewachsenen **Batukaru → S. 65**, Balis zweithöchsten Vulkan. Auf 825 m Höhe liegt im Dschungel versteckt der mystische Tempel ④ INSIDER TIPP **Pura Luhur Batukaru**, einer der sechs heiligsten Tempel Balis. Die Schreine sind dem Berggott sowie den Geistern des Bratan- → S. 50, Buyan- und Tamblingan-Sees → S. 50 geweiht. Die Stille in der wenig besuchten Anlage trägt zur sakralen Stimmung genauso bei wie die Nebelschwaden, die meist den Blick auf den Gipfel verdecken.

12:00 **Fahren Sie die Hauptstraße etwa 2,5 km zurück bis nach Wongayagede. Eine kleine, gewundene Straße führt von hier in den Osten** zunächst an Bananen-, Chili- und Kaffeeplantagen vorbei bis nach ⑤ **Jatiluwih** *(Zufahrtsgebühr 25 000 Rp)*: Bei klarer Sicht und kühler Bergluft erwartet Sie hier ein phantastischer Blick über tiefgrüne Reisterrassen bis weit in den Süden hinunter zum Meer. Die jahrhundertealten Felder schmiegen sich an die natürliche Form der Berghänge und präsentieren das *Subak*-System in Perfektion. Gönnen Sie sich eine Mittagspause im einfachen Familienlokal **Warung Dhea Jatiluwih** *(Jl. Raya Jatiluwih | €€)* und probieren Sie den roten Reis, der hier angebaut wird – ein Produkt der *Jatiluwih Organic Red Rice Association of Farmers,* die den traditionellen, pestizidfreien Anbau alter Reissorten bewahrt. Dazu gibt es Biogemüse und frischen Erdbeersaft. Bei gutem Wetter sollten Sie einen Spaziergang durch die Felder machen.

An kleinen Bergdörfern und sattgrün leuchtenden Reisterrassen vorbei geht die Fahrt über **Angsri zur Jl. Raya Senganan. Hier biegen Sie rechts in Richtung Süden ab und nehmen die Route über Penebel, die rund 25 km bis nach Tabanan führt und dann noch einmal 18 km weiter**, bis Sie den sagenumwobenen Meerestempel **6 Pura Tanah Lot** → S. 65 erreichen. Auf einem malerischen Felsen direkt vor der Küste wird der Meeresgott Baruna verehrt, giftige Seeschlangen wachen über das Heiligtum. Trotz der Touristenmassen ist dieser Tempel einer der schönsten Orte auf Bali, um den Sonnenuntergang zu beobachten.

18:00 Sobald die Sonne rot glühend im Meer verschwunden ist, bitten Sie Ihren Fahrer, Sie **über den Bypass Tanah Lot** in 45 Minuten wieder zurück nach **1 Seminyak** zu bringen.

Reisanbau nach dem Subak-System bedeutet auch schwere körperliche Arbeit

4 PANORAMATOUR IM NORDEN LOMBOKS

START: 1 Senggigi **ZIEL:** 1 Senggigi	**1 Tag** reine Fahrzeit 4 Stunden
Strecke: 190 km	

KOSTEN: 100 Euro für 2 Personen für Mietwagen inkl. Fahrer und Benzin, Verpflegung, Eintritte

MITNEHMEN: Badesachen, Trinkwasser, in der Regenzeit Regenschutz

ACHTUNG: **3 Sidemen:** Auf das Probieren von Palmwein und Palmschnaps besser verzichten; **4 Pusuk-Pass:** Das Füttern der Affen ist nur Unerschrockenen zu empfehlen, den Anführer dabei zuerst bedenken; **6 Moschee:** Hier brauchen Sie einen Übersetzer, buchen Sie daher einen englischsprachigen Fahrer; **7 Rinjani Mountain Garden:** Mittagessen vorbestellen

Die Tour lohnt allein wegen des Besuchs im Sasakdorf Segenter, führt Sie aber auch zu weiteren spektakulären Orten im Norden Lomboks.

1 Senggigi

13 km

2 Morgenmarkt

3 km

3 Sidemen

7 km

4 Pusuk-Pass

57 km

5 Segenter

11 km

6 Moschee

07:30 Frühmorgens wartet Ihr Mietwagen mit Fahrer vor Ihrem Hotel in 1 **Senggigi** → S. 86 auf Sie, um Sie **über Ampenan in Richtung Pusuk-Pass** zu bringen. **Nach der Abzweigung nach Gunung Sari** kommen Sie an einem 2 **Morgenmarkt** vorbei, auf dem Sie sich mit Snacks eindecken können. Von hier geht es weiter Richtung 3 **Sidemen**. An der linken Straßenseite des Dorfs liegen einige **Palmzuckermanufakturen**: Die Bauern zeigen gern, wie sie aus den Arenblüten Palmzucker, -wein *(tuak)* und -schnaps *(brem)* herstellen *(keine festen Zeiten)*. Oben auf dem 4 **Pusuk-Pass** erwartet Sie ein traumhafter Blick bis zum Meer und auf die drei vorgelagerten Gilis sowie Horden neugieriger Affen, die auf Leckerbissen aus sind. Durch kleine Orte und an schwarzen Sandstränden entlang **fahren Sie weiter, bis kurz vor Sukadana rechts eine Straße zum traditionellen Sasakdorf** 5 **Segenter** → S. 85 **abgeht.** Hier leben die Menschen wie vor Hunderten von Jahren in einfachen Bambushäusern mit Lehmboden. Am Dorfeingang nimmt Sie ein Führer in Empfang, um Sie zu begleiten und Ihnen das Alltagsleben zu erklären.

Wieder zurück auf der Hauptstraße geht es weiter nach **Bayan** → S. 84, wo die älteste 6 **Moschee** Lomboks steht, ein einfacher Holz-Bambus-Bau. 1634 soll hier einer der neun Heiligen, die den Islam nach Indonesien brachten, die erste islamische Gemeinde auf Lombok gegründet haben. Die Bewohner Bayans sehen sich als dessen Nachkommen und hängen dem Wetu-Telu-Glauben an, der

animistische und hinduistische Elemente mit dem Islam verbindet. So auch der Hüter des Heiligtums, der wunderbare Geschichten erzählt, die Ihr Fahrer für Sie übersetzt. **An der Moschee vorbei führt die Hauptstraße in eine Linkskurve, dort fahren Sie geradeaus weiter.**

13:00 **Folgen Sie dem Weg 3,7 km den Berg hinauf, bis hinter einer Linkskurve scharf rechts** die Einfahrt des **7 Rinjani Mountain Garden → S. 84** kommt. Die deutschen Besitzer haben hier ein Campingparadies mit üppigen Pflanzen und allerlei tierischen Bewohnern geschaffen. Wählen Sie deutsche Spezialitäten oder pikante INSIDER TIPP Sasakküche zum Mittagessen und genießen Sie die Aussicht. Nachdem Sie sich im Pool abgekühlt haben, geht es **zurück nach Bayan und von dort ins Bergdorf 8 Senaru → S. 83**, Ausgangspunkt für Trekkingtouren auf den Vulkan Gunung Rinjani → S. 84. Sie aber gehen nicht bergauf, sondern wählen den etwa 20 Minuten dauernden Abstieg zum **9 Sindanggila-Wasserfall → S. 86**, der aus 50 m Höhe kraftvoll in zwei Stufen ins Tal donnert. Direkt neben dem Zugang liegt das **10 Pondok Senaru** *(tgl. | Tel. 0370 622868 | €)*, wo Sie auf dem Rückweg noch einen Kaffee mit Wasserfallblick trinken.

16:00 Für die Rückfahrt nach **1 Senggigi bleiben Sie auf der Küstenstraße:** Zum Sonnenuntergang erwartet Sie in den Buchten **südlich von Bangsal** ein spektakulärer Blick auf die Gilis → S. 90 und den Gunung Agung → S. 40.

4 km

7 Rinjani Mountain Garden

11 km

8 Senaru

1 km

9 Sindanggila-Wasserfall

1 km

10 Pondok Senaru

82 km

1 Senggigi

SPORT & WELLNESS

Ob auf Bali, Lombok oder den Gilis: Überall haben Sie eine riesige Auswahl an Freizeitaktivitäten.
Im Vordergrund steht natürlich das Meer mit Schnorcheln, Tauchen, Segeln und Surfen. Sehr beliebt sind auch Mountainbiking, Riverrafting und natürlich Trekkingtouren auf die Vulkane. Wer lieber entspannen will, für den gibt es zahlreiche Angebote an Yogakursen, Massagen oder Wellnessbehandlungen.

GOLF

Fünf Golfplätze auf Bali und zwei auf Lombok bieten eine erstklassige Auswahl. Zu den besten Plätzen Asiens zählen der *Bali National Golf Club* in Nusa Dua, der in den Bergen gelegene *Bali Handara Kosaido Country Club* sowie der *Bali Nirwana Golf Club* bei Tanah Lot. Wunderschön liegt der neuere *Lombok Golf Kosaido Country Club* mit Blick auf die Gilis. Außer der 9-Loch-Anlage des Grand Bali Beach Golf Club in Sanur sind alle Plätze 18-Loch-Anlagen. Infos und Pauschalangebote unter *www.bali.com/golf-courses.html* oder *www.lombok-golf.com.*

MOUNTAINBIKING

Trotz des tropischen Klimas sind Radtouren sehr beliebt. Die Umgebung von Ubud lässt sich per Fahrrad besonders gut entdecken: Die Straßen sind hier einigermaßen intakt und nicht so stark befahren. Von Senggigi aus kann man

Vom Meer bis zu den Vulkanspitzen bieten Bali, Lombok und die Gilis jede Menge Aktivitäten und Entspannungsmöglichkeiten

bequem über Nebenstraßen zu Ausflugszielen in der Umgebung radeln. Abenteuerlicher, aber sehr schön sind Touren in den Osten Lomboks. Touren in kleinen Gruppen organisieren von Ubud aus *Bali Eco Cycling (Tel. 0361 975557 | baliecocycling.com)* und *Green Bike Tour (Tel. 0361 8699692 | www.greenbiketour.com)*. INSIDER TIPP *Mountain Bike Lombok (Tel. 0819 99097126 | www.mountainbikelombok.com)* in Senggigi bietet neben Tagestrips auch interessante mehrtägige Touren.

REITEN

Im Trab durch Dörfer und Reisterrassen im Hinterland, Galoppieren am Strand oder sogar Schwimmen mit Pferden: An den Stränden zwischen Seminyak und Tanah Lot gibt es diverse Angebote für Reitausflüge, z. B. von *Island Horse Riding (Tel. 0361 8469616 | www.baliislandhorse.com)*. Auf Lombok veranstaltet *Kuta Horses (Tel. 0370 6604731 | www.horseridinglombok.com)* Ausritte durch Sasakdörfer und die Küstenlandschaft.

RIVERRAFTING

Am beliebtesten ist die etwa zweistündige Wildwasserfahrt mit dem Schlauchboot durch die *Schlucht des Ayung-Flusses* bei Ubud, etwas anspruchsvoller die Tour auf dem *Telaga-Waja-Fluss* am Gunung Agung – nasse Kleider inbegriffen. Alle Veranstalter holen ihre Teilnehmer im Hotel ab, z. B. *Bali Adventure Rafting (Ubud | Tel. 0361 72 14 80 | www.baliadventurerafting.com)* oder *Sobek Bali Utama (Ubud/Kuta | Tel. 0361 72 90 16 | www.balisobek.com).*

SEGELN

Vom modernen Hochseekatamaran bis zum traditionellen Bugis-Schoner: Zahlreiche Veranstalter bieten unterschiedlichste Segeltörns. Die Fahrten dauern von einem Tag bis zu einer Woche, meist geht es dabei von Bali aus in den Osten. Tagesausflüge führen nach Nusa Lembongan, längere Törns weiter nach Lombok, Komodo und Flores, z. B. mit *Adelaar Cruises (Tel. 0812 3 80 27 41 | www.adelaar-cruises.com)* oder *Sea Trek (Sanur | Tel. 0361 27 06 04 | www.seatrekbali.com).* Mehr Angebote unter *www.balicruises.com.* Für kleinere Segelabenteuer kann man sich bei einigen Hotels Laser- oder Hobie-Cats leihen, z. B. beim *Grand Hyatt* in Sanur oder *Four Seasons* in Jimbaran.

SURFEN

Bali und Lombok sind Traumziele für Wellenreiter. An den Stränden von Kuta bis Canggu rollt die Brandung gleichmäßig heran, was die Surfspots auch für Anfänger ideal macht. Dagegen sind die riesigen Wellen an Balis Südwestzipfel, z. B. bei Padang-Padang, Bingin und Uluwatu nur etwas für Könner.

Die Strände in Lomboks Süden gelten noch als Geheimtipp: vor allem Mawi, Gerupuk und – für absolute Könner – Desert Point an der Südwestspitze der Insel. Surfunterricht, Brettverleih und organisierte Touren gibt es auf Bali bei *Bali Green Surf School (Seminyak | Tel. 0819 99 34 41 22 | www.baligreensurf.net)* oder *Padang Padang Surf Camp (Pecatu | Bukit Badung | Tel. 0819 99 28 35 49 | www.balisurfingcamp.com),* auf Lombok bei *Lombok School of Surf (Jl. Raya Pantai Kuta | Tel. 0812 39 32 19 15 | www.lombokschoolsurfing.com).*

TAUCHEN & SCHNORCHELN

Bekannte Tauch- und Schnorchelspots auf Bali sind Pulau Menjangan und Nusa Penida sowie das von Korallen überwachsene Schiffswrack vor der Ostküste. Als Tauch- und Schnorchelparadies gelten die Gilis. Die Riffe dort sind wegen der schwachen Strömung wie geschaffen für Anfänger. In der Bucht von Sekotong im Südwesten findet sich eines der besten Tauchgebiete Lomboks.

Deutschsprachige Kurse bietet auf Bali *Water Worx Dive Center (Padang Bai | Tel. 0363 4 12 20 | www.tauchen-bali.com)* und *Tauch-Terminal Bali (Jimbaran/Tulamben | Tel. 0361 77 45 04 | www.tauch-terminal.com)*, auf Lombok und den Gilis tauchen Sie mit *Dream Divers (Senggigi/Gili Trawangan/Gili Air | Tel. 0370 69 37 38 | www.dreamdivers.com)* und *DSM Dive Lombok (Senggigi/Gili Trawangan | Tel. 0370 69 32 80 | www.dsmlombok.com)* ab.

TREKKING & WANDERN

Der Höhepunkt für Bergsteiger ist die mindestens dreitägige Tour auf den *Gunung Rinjani* auf Lombok. Auch der *Gunung Agung* auf Bali ist für viele eine

Herausforderung. Weniger anspruchsvoll, aber ebenso beeindruckend ist die Halbtagestour auf den *Gunung Batur*. Keine dieser Touren sollten Sie ohne Führer angehen!

Touren organisieren z. B. *Bali Sunrise Trekking (Tel. 0818 55 26 69 | www.balisunrisetours.com)* oder *Rinjani National Park (Senaru/Mataram | Tel. 0370 6 60 88 74 | www.rinjaninationalpark.com)*. Die Schweizer Hilfsorganisation INSIDER TIPP *Zukunft für Kinder (Tel. 0812 38 43 45 55 | www.zukunft-fuer-kinder.ch)* veranstaltet spannende Trekkingtouren in den Norden des Gunung Batur, um dort Dorfprojekte zu unterstützen.

WELLNESS

Ob traditionelle balinesische Massage, Shiatsu oder Reflexologie: Mindestens ein Wellnesstag gehört zum Bali-Urlaub dazu. Für ca. 50 000 Rp. gibt es einstündige Massagen am Strand – doch lohnt es sich, mehr auszugeben, um sich in einem Spa von geschulten Masseuren behandeln zu lassen und anschließend in einem Whirlpool zu entspannen. Spas gibt es auf Bali an jeder Ecke und in fast jedem Hotel, auf Lombok hauptsächlich in großen Hotels. Eine Auswahl findet sich unter *www.balispaguide.com.*

YOGA

Bali hat sich in den letzten zehn Jahren zu einem Yogazentrum entwickelt: In vielen Hotels gehören Yogakurse zum festen Programm, z. B. im *Desa Seni (www.desaseni.com)* in Canggu oder im *Zen Resort (www.zenresortbali.com)* bei Lovina. Im März/April findet das *Bali Spirit Festival (www.balispiritfestival.com)* in Ubud statt, das Teilnehmer aus aller Welt anlockt. Auch auf Lombok und den Gilis ist die Yogawelle mitterweile angekommen. Yogakurse gibt es z. B. in Kuta bei *Ashtari (www.facebook.com/AshtariYoga)*, auf Gili Air bei *H_2O Yoga (www.h2oyogaandmeditation.com)* oder auf Gili Trawangan bei *The Yoga Place (www.theyogaplacegili.com)*.

Es muss nicht gleich eine Vulkanbesteigung sein: Bali bietet viele schöne Wanderwege

MIT KINDERN UNTERWEGS

Vor allem Bali ist ein prima Reiseziel für Kinder. Die gut erschlossenen Badestrände und die exotische Kultur bieten Spaß und Abwechslung: den Strand entdecken, schnorcheln, erste Surfversuche machen oder die exotische Natur hautnah erleben. Außerdem können auch schon die Kleinen Kurse für balinesische Tänze und Gamelan belegen oder lernen, wie man Opfergaben bastelt oder Kunsthandwerk herstellt. Lombok und die Gilis sind ideal für einen Aktivurlaub mit größeren Kindern – neben Wassersport bieten sich einfache Wander- und Fahrradtouren an. Als Vorsichtsmaßnahme sollten Sie bei Reisen mit Kindern Medikamente gegen Durchfall, Fieber und Erkältung sowie Desinfektionsmittel einpacken. Selbst kleine Wunden entzünden sich in den Tropen schnell und müssen sofort gereinigt werden. Wegen der starken Sonneneinstrahlung sollten Kinder immer gut eingecremt sein, einen Kopfschutz tragen und viel trinken. Außerdem sollten Sie intensiv auf Mückenschutz achten, um Denguefieber und Malaria zu vermeiden (vor allem auf Lombok und den Gilis): Benutzen Sie regelmäßig Anti-Moskito-Lotion und schlafen Sie unter Moskitonetzen. In der Dämmerung müssen Arme, Beine und Füße bedeckt sein.

Für einen Urlaub mit Kindern am besten geeignet sind auf Bali *Amed*, *Nusa Dua*, *Sanur* sowie *Ubud*. Sehr beliebt bei Familien ist auch *Gili Air*. Weitere Infos finden Sie auf *www.baliwithkids.com*, *www.littlebalilove.com* und *www.baliforfamilies.com*.

BALI TREETOP ADVENTURE PARK

(135 E4) (*J3*)

Sich wie Affen durch die Bäume hangeln, das können Sie in diesem schönen Kletterpark mit sieben Schwierigkeitsgraden, bei denen alle – vom Kleinkind bis zum Adrenalinjunkie – auf ihre Kosten kommen. Der Sicherheitsstandard aller Hochseilpfade entspricht europäischen Vorschriften. *Tgl. 8.30–18 Uhr | Eintritt 25 US-$, Kinder bis 12 J. 16 US-$ | Eka Karya Botanical Garden | Candikuning | Tel. 0361 9 34 00 09 | www.balitreetop.com*

BUBBLEMAKER-KURSE

Schnorchel- und Tauchkurse zum Ausprobieren für Kinder ab acht Jahren im Pool, ab zehn Jahren im offenen Meer gibt es bei verschiedenen Anbietern, z. B. ab 65 Euro bei *Crystal Divers (Jl. Danau Tamblingan 168 | Sanur | Tel. 0361 28 67 37 | www.crystal-divers.com* | (139 D4) (*K7*)) oder bei *Ok Divers (Jl. Silayukti | Padang*

Im Regenwald herumklettern, Opfergaben basteln, die Unterwasserwelt erforschen – für Kinder gibt es auf den Inseln viel zu erleben

Bai | Tel. 0811 3 85 88 25 | www.okdiversbali.com | (136 C6) (*M5*)).

DEN REGENWALD ENTDECKEN
(135 D5) (*H4*)

Die INSIDER TIPP *Sarinbuana Eco-Lodge* (s. S. 65) organisiert nach Voranmeldung über die Website für Familien Ausflüge in Plantagen und den Regenwald: Dabei gibt es jede Menge über exotische Pflanzen und Tiere zu lernen sowie natürliche Badeplätze und idyllische Tempel zu entdecken. Außerdem dürfen Kinder bei der Fütterung der zahlreichen Tiere helfen, Opfergaben basteln oder sich als Balinesen verkleiden. Auch beim Ernten und Kochen sind die Kleinen dabei. *Ab 200 000 Rp., Kinder unter 15 J. gratis | Mount Batukaru | Tabanan | www.baliecolodge.com*

TEMPELTANZ UND KUNSTHANDWERK

Die meisten Kinder sind fasziniert von balinesischen Musikinstrumenten, Tänzen und Tempelfesten und würden am liebsten selbst mitmachen. Vor allem in Ubud (139 D2) (*J–K5*) gibt es viele Schnupperkurse, in denen Kinder Gamelan und einfache Tanzschritte lernen, außerdem batiken, schnitzen oder Opfergaben anfertigen können. Empfehlenswerte Kinderkurse bietet das *ARMA Museum (520 000 Rp. | Jl. Raya Pengosekan | Ubud | Tel. 0361 97 57 42 | www.armabali.com)*, Tanz- und Musikworkshops das INSIDER TIPP *Mekar Bhuana Conservatory (ab 39 US-$ | Jl. Gandapura III/501x | Banjar Kesiman Kertalangu | Denpasar |* (139 D4) (*J6*) *| Tel. 0361 46 42 01 | www.balimusicanddance.com).*

WATERBOM-PARK (139 C5) (*H7*)

Auf 3,8 ha Spaß für die ganze Familie. Für jedes Alter gibt es das passende Vergnügen, außerdem eine ausgedehnte Poollandschaft, Spa sowie Bars und Cafés. *Tgl. 9–18 Uhr | Eintritt 520 000 Rp., Kinder bis 12 J. 370 000 Rp., Familien (2 Erw., 2 Kinder) 1 630 000 Rp. | Jl. Kartika Plaza | Kuta | www.waterbom-bali.com*

EVENTS, FESTE & MEHR

Ob balinesisches Neujahr, islamisches Opferfest oder Weihnachten: In Indonesien gelten die wichtigsten Festtage aller staatlich anerkannten Religionen als nationale Feiertage.

MUSLIMISCHE FEIERTAGE

Die muslimischen Feiertage richten sich nach dem islamischen Mondkalender. Der Fastenmonat Ramadan endet mit ***Idul Fitri (Lebaran),*** dem wichtigsten muslimischen Fest in Indonesien *(2017: 25./26.6., 2018: 15./16.6., 2019: 4./5.6., 2020: 24./25.5.).* Da zu diesem Anlass alle Indonesier Ferien haben, sind Flüge und Hotels oft ausgebucht. Weitere nationale Feiertage: islamisches Neujahr, ***Maulid Nabi*** (Geburtstag des Propheten), ***Isra Mi'raj*** (Himmelfahrt des Propheten), ***Idul Adha*** (islamisches Opferfest).

BALINESISCHE FESTTAGE

Tempelfeste auf Bali sind farbenfrohe Events mit Prozessionen, Gebeten, Tanz und Musik. Sie richten sich nach dem *Wuku*-Kalender, der nur 210 Tage hat.

★ ● ***Galungan/Kuningan*** ist das aufwendigste Tempelfest und der Höhepunkt des balinesischen Jahres *(2017: 1.–11.11.; 2018: 30.5.–9.6., 26.12.–5.1., 2019: 24.7.–3.8.; 2020: 19.–29.2., 16.–26.9.).* Zehn Tage lang werden rituelle Speisen zubereitet, es gibt überall Tanz, Gamelan, Schattenspiel und Prozessionen.

In der Nacht vor dem Neujahrsfest ***Nyepi*** werden die bösen Geister mit Trommeln, Gongs und Rasseln vertrieben. Am nächsten Tag wird gefastet und meditiert. Keiner darf das Haus verlassen, der Verkehr steht still – auch der Flugverkehr.

● ***Odalan*** ist der Jahrestag eines Tempels, das wichtigste Ereignis in der Gemeinde. Tagsüber wird mit Gebeten und Opfern den Ahnen gehuldigt, nachts gibt es Vorführungen. Wegen der vielen Tempel findet jeden Tag irgendwo auf Bali ein Odalan-Fest statt.

Zum ***Usaba Sambah Festival*** kämpfen im Bali-Aga-Dorf Tenganan junge Männer mit dornigen Pandanusblättern gegeneinander.

SASAK-FESTE

Zum Fest ***Bau Nyale*** kommen die Sasak bei Vollmond im Februar/März an die Strände in Lomboks Süden, um zwischen den Korallen Nyale-Würmer zu fangen. Dieses Fruchtbarkeitsritual gilt als Heiratsbörse für junge Leute.

Der **Perang Topat** („Krieg der Reispäckchen") ereignet sich nach Beginn der Regenzeit (meist Dez.) in der Tempelanlage Pura Lingsar. Sasak und Hindus bewerfen sich mit in Palmblätter gewickeltem Reis, der anschließend vergraben wird, um für eine gute Ernte zu sorgen.

Perisean-Wettkämpfe finden im August in Mataram und Narmada statt. Gekämpft wird mit Rattanstock und Bambusschild. Wer zuerst blutet, hat verloren.

ANDERE EVENTS

MÄRZ/APRIL

Zum **Bali Spirit Festival** treffen sich in Ubud Yoga- und Meditationsfans.

MAI

INSIDER TIPP **Ubud Food Festival:** Hier kochen Indonesiens beste Köche.

JUNI/JULI

Bali Art Festival: Einen Monat lang zeigen in Denpasar die besten Künstler Balis ihr Können. *www.baliartfestival.com*

AUGUST BIS NOVEMBER

Bei den **Wasserbüffelrennen** in Jembrana im Westen Balis geht es um Schnelligkeit, Haltung und Rennstil.

OKTOBER

Ubud Writers & Readers Festival: Schriftsteller kürten diesen Event zu einem der schönsten Literaturfestivals. *www.ubudwritersfestival.com*

FEIERTAGE

1. Jan.	christl. Neujahr
Jan./Feb.	*Imlek* (chin. Neujahr)
März/April	*Nyepi* (balin. Neujahr), Karfreitag, *Isra M'raj* (Himmelfahrt Mohammeds)
1. Mai	Tag der Arbeit
1. Juni	*Pancasila*-Tag
Mai/Juni	*Idul Fitri* (Ende des Ramadans), Christi Himmelfahrt, *Waisak* (buddh. Neujahr)
Aug./Sept.	*Idul Adha* (islam. Opferfest), islam. Neujahr
17. Aug.	Unabhängigkeitstag
Nov./Dez.	*Maulid Nabi* (Geburtstag Mohammeds)
25. Dez.	Weihnachten
Wechselnde Monate	*Galungan/Kuningan* (Tempelfest, Termine s. S. 116)

LINKS, BLOGS, APPS & CO.

LINKS & BLOGS

www.marcopolo.de/bali-lombok-gilis Alles auf einen Blick zu Ihrem Reiseziel: interaktive Karten inklusive Planungsfunktion, Impressionen aus der Community, aktuelle News und Angebote ...

beatmag.com/bali Den angesagtesten Nachtclub, das trendigste Biomenü und viele News über internationale Prominenz auf Bali finden Sie hier

www.jed.or.id Das Netzwerk für ökologischen Dorftourismus bietet die Möglichkeit, Urlaub bei Familien in vier traditionellen Dörfern auf Bali zu machen

www.traumzielbali.de Geschichte, Sehenswürdigkeiten, Wellnessangebote – die Website hält viele Tipps für die Planung Ihres Bali-Urlaubs parat

giliecotrust.com Strandsäuberungen, Korallen- und Schildkrötenprojekte der Umweltorganisation warten auf Unterstützung

indojunkie.com Sehr schöner Blog von vier deutschen Studentinnen, die mit dem Indonesienvirus infiziert sind – mit vielen Tipps zu Bali, Lombok und den Rest des Lands

short.travel/bal1 Professioneller Blog mit tollen Fotos, Videos und vielen Infos zu den weniger bereisten Ecken der Inseln

www.thebalibible.com Reisefeatures und jede Menge Best-of-Listen von Einheimischen, Touristen und Bali-Kennern

janetdeneefe.com Restaurantbesitzerin Janet de Neefe hat nicht nur das Ubud Writers and Readers Festival gegründet, sondern schreibt auch Kochbücher und Kolumnen über die balinesische Küche, die viel über das kulturelle Leben auf der Insel verraten

Egal, ob für Ihre Reisevorbereitung oder vor Ort: Diese Adressen bereichern Ihren Urlaub. Da manche sehr lang sind, führt Sie der short.travel-Code direkt auf die beschriebenen Websites. Falls bei der Eingabe der Codes eine Fehlermeldung erscheint, könnte das an Ihren Einstellungen zum anonymen Surfen liegen

www.pedulianak.org Zwei Holländer gründeten die indonesische Hilfsorganisation, die Straßenkindern auf Lombok ein Heim, eine Ausbildung und eine Gesundheitsversorgung bietet

VIDEOS & MUSIK

short.travel/bal2 Musikvideo der in Indonesien sehr erfolgreichen Band Navicula zu *Nyepi* (hinduistisches Neujahr): „Saat semua semakin cepat, Bali berani berhenti." (Wenn alles immer schneller wird, wagt Bali anzuhalten)

short.travel/bal3 Der achtminütige Film zeigt die faszinierende Unterwasserwelt der Gilis

short.travel/bal4 Kurzfilm über die Green School auf Bali und die Ideen ihres Gründers John Hardy, die Ausbildungssystem, Umweltbewusstsein und Architektur auf der Insel stark beeinflusst haben

short.travel/bal5 Beeindruckende Szene eines *Kecak*-Tanzes in Gunung Kawi, die aus dem Dokumentarfilm „Baraka" von Ron Fricke (1992) stammt

APPS

Bali Map Navigations-App zum Gratis-Download mit Hinweisen zu Sehenswürdigkeiten, Cafés, Hotels und weiteren nützlichen Adressen

Lombok Guide Offline-Karten, Infos zu Transport, Unterkunft und Sehenswertem – gratis

Bali Kids Hilfreiche App für Eltern mit Tipps zu familienfreundlichen Hotels und kindertauglichen Aktivitäten

Go-Jek App, die nach dem Uber-Modell funktioniert und über die sich indonesienweit (Motorrad-)Taxis, Essenslieferdienste, Botenfahrten und vieles mehr bestellen lassen

Waze Diese App hilft weiter, wo Google Maps an seine Grenzen stößt: Sie verzeichnet auch versteckte Straßen, kennt kleine Restaurants, und aktuelle Verkehrsmeldungen helfen bei der Suche nach dem richtigen und schnellsten Weg

PRAKTISCHE HINWEISE

ANREISE

Der internationale Flughafen Ngurah Rai bei Denpasar wird von vielen internationalen Fluggesellschaften angeflogen, meist mit einem Zwischenstopp in Singapur oder Kuala Lumpur. Von beiden Städten gibt es auch Flüge nach Lombok: *Silk Air (www.silkair.com)* startet in Singapur, *Air Asia (www.airasia.com)* und *Garuda Indonesia (www.garuda-indonesia.com)* in Kuala Lumpur. Die Flugzeit von Europa beträgt zwischen 14 und 20 Stunden, je nach Route und Anzahl der Zwischenlandungen.

Von Denpasar aus dauert der Flug nach Lombok 25 Minuten: *Garuda Indonesia (www.garuda-indonesia.com), Lion Air* und *Wings Air (beide unter: www.lionair.co.id)* fliegen mehrmals täglich, Tickets ab 15 Euro. Von Jakarta aus bedienen mehrere Linien Bali und Lombok, am günstigsten (ab 35 Euro) ist *Air Asia (www.airasia.com).*

Zwischen allen indonesischen Inseln verkehren Tag und Nacht Fährschiffe. Die viereinhalb Stunden dauernde Überfahrt von Padang Bai auf Bali nach Labuhan Lembar im Südwesten Lomboks kostet ca. 3 Euro. Ab 30 Euro kann man Plätze auf einem Schnellboot von Benoa oder Padang Bai auf die Gilis sowie nach Senggigi oder Teluk Nare im Nordwesten Lomboks *(diverse Anbieter | gili-fastboat.com oder www.gilitickets.com)* buchen.

Von Jakarta aus fahren mehrmals täglich Busse nach Denpasar *(ca. 1200 km | Fahrzeit 24 Stunden | ab 30 Euro)*, die auf der Autofähre nach Bali übersetzen. Die Busfahrt von Denpasar nach Mataram dauert rund sieben Stunden.

GRÜN & FAIR REISEN

Auf Reisen können auch Sie viel bewirken. Behalten Sie nicht nur die CO_2-Bilanz für Hin- und Rückreise im Hinterkopf *(www.atmosfair.de; de.myclimate.org)* – etwa indem Sie Ihre Route umweltgerecht planen *(www.routerank.com)* – , sondern achten Sie auch Natur und Kultur im Reiseland *(www.gate-tourismus.de; www.ecotrans.de)*. Gerade als Tourist ist es wichtig, auf Aspekte wie Naturschutz *(www.nabu.de; www.wwf.de)*, regionale Produkte, wenig Autofahren, Wassersparen und vieles mehr zu achten. Wenn Sie mehr über ökologischen Tourismus erfahren wollen: europaweit *www.oete.de*; weltweit *www.germanwatch.org*

AUSKUNFT

BOTSCHAFT DER REPUBLIK INDONESIEN

– Lehrter Str. 16–17 | 10557 Berlin | Tel. 030 47 80 22 00 | short.travel/bal12
– Gustav-Tschermak-Gasse 5–7 | 1180 Wien | Tel. 01 47 62 30 | www.kbriwina.at
– Elfenauweg 51 | 3006 Bern | Tel. 031 3 52 09 83 | short.travel/bal13

BALI TOURISM BOARD

Jl. Raya Puputan 41 | Renon | Denpasar | Bali 80235 | Tel. 0361 23 56 00 | www.balitourismboard.org

Von Anreise bis Zoll

Urlaub von Anfang bis Ende: die wichtigsten Adressen und Informationen für Ihre Reise nach Bali, Lombok und auf die Gilis

AUTO

In Indonesien gilt Linksverkehr. Der Verkehr auf Bali und Lombok ist chaotisch, die Straßen sind nicht besonders gut, vor allem in der Regenzeit. Die Gilis sind autofrei. Wer sich als Urlauber hinters Steuer wagt, sollte Folgendes verinnerlichen: Vorfahrt hat, wer sie sich nimmt. Wer hupt, will überholen, der Einsatz der Lichthupe heißt „Ich fahre zuerst". Winken mit Fingerspitzen nach unten und Handrücken nach vorn bedeutet: „Komm her". Beim Ein- und Ausparken helfen meist selbst ernannte „Parkwächter", die ein paar Rupiah verlangen.

DIPLOMATISCHE VERTRETUNGEN

DEUTSCHES HONORARKONSULAT

Mo–Fr 8.30–12.30 Uhr | Jl. Pantai Karang 17 | Batujimbar | Sanur | Tel. 0361 28 85 35 | bali-ntb.com

SCHWEIZER HONORARKONSULAT

Jalan Ganetri 9D | Gatot Subroto Timur | Denpasar | Tel. 0361 26 41 49 | bali@honrep.ch

Das eidgenössische Konsulat ist auch für Österreicher zuständig.

EINREISE

Für einem Aufenthalt bis zu 30 Tagen erhalten Deutsche, Österreicher und Schweizer bei der Einreise einen Stempel in den Pass, der mindestens noch sechs Monate gültig sein muss. Für 35 US-$ kann man bei der Einreise alternativ auch ein *Visa on Arrival* erstehen, das einmal um 30 Tage verlängert werden kann. Wer länger als 60 Tage bleiben will, muss vorher ein Visum bei der Botschaft beantragen.

FOTOGRAFIEREN

Indonesier sind in der Regel nicht kamerascheu, dennoch sollten Sie immer fragen, bevor Sie filmen oder fotografieren. Zurückhaltung ist vor allem in Tempeln und Moscheen geboten, bitten Sie vorher um Erlaubnis und richten Sie die Kamera nie auf das Gesicht eines Geistlichen. An Sehenswürdigkeiten wird für die Benutzung einer Kamera oft eine Extragebühr erhoben.

WAS KOSTET WIE VIEL?

Kaffee	1,40 Euro *für eine Tasse*
Nasi Goreng	2,50 Euro *für eine Portion*
Benzin	0,45 Euro *für einen Liter*
Auto mit Chauffeur	45 Euro *Miete für einen Tag*
Tauchkurs	65 Euro *für einen Schnupperkurs*
Massage	10 Euro *für eine Stunde*

GELD & GELDWECHSEL

Die indonesische Währung ist die Rupiah (Rp). Es gibt Münzen zu 100, 200, 500 und 1000 Rp. sowie Scheine zu 1000, 2000, 5000, 10 000, 20 000, 50 000 und 100 000 Rp. Wegen der großen Wertschwankungen geben viele Hotels und Veranstalter ihre Preise in US-$ oder Euro an, die Bezahlung erfolgt aber in der Regel in Rupiah.

Die Öffnungszeiten der Banken sind Mo–Do 8.30–14, Fr 8.30–11.30 Uhr. Moneychanger haben von 8 bis 20 Uhr geöffnet

Mitunter dient ein Moped auch als Schilfgrastransporter

und bieten jedoch oft höhere Kurse als Banken. (Vorsicht vor Betrügern, vergleichen Sie immer die offiziellen Raten!) Fast überall gibt es Geldautomaten (ATM), an denen Sie mit EC- oder Kreditkarte und PIN-Code Geld abheben können. Viele Hotels und Läden akzeptieren auch Kreditkarten.

GESUNDHEIT

Impfungen gegen Diphtherie, Hepatitis A, Polio, Tetanus und Typhus werden empfohlen. Medikamente gegen Malaria sollten Sie dabeihaben, vor allem bei Reisen auf Lombok und den Gilis. Außerdem sollten Sie eine Auslandskrankenversicherung mit Rücktransport abschließen. Meiden Sie Leitungswasser, und essen Sie Eis und Obst nur in besseren Restaurants.

Auf Bali haben viele große Hotels auch einen Arzt. Für Ausländer empfohlene Kliniken auf Bali sind: *BIMC Hospital Bali (Jl. Bypass Ngurah Rai 100x | Kuta | Tel. 0361 76 12 63 | www.bimcbali.com)* und *International SOS Medical Clinic (Jl. Bypass Ngurah Rai 505x | Kuta | Tel. 0361 71 05 05 | www.sos-bali.com)*. Die beste Klinik auf Lombok ist das *Harapan Keluarga International Hospital (Jl. Ahmad Yani 9 | Selagalas | Mataram | Tel. 0370 6 17 70 20 | harapankeluarga.co.id)*. Bei schweren Erkrankungen ist es besser, nach Singapur auszufliegen. Medikamente erhalten Sie in Apotheken *(apotik)* oder Drogerien *(drugstore, toko obat)*.

INTERNETCAFÉS & WLAN

Die meisten Hotels und Restaurants auf Bali, Lombok und den Gilis bieten einen gebührenfreien WLAN-Zugang, in abgelegenen Orten ist die Verbindung allerdings oft schlecht. Internetcafés sind nur noch wenige zu finden. USB-Modems für Laptops gibt es z. B. von Smartfren, Telkomsel oder XL *(2 GB/30 Tage ab 50 000 Rp.)*.

KLEIDUNG

Knappe Kleidung ist auf keiner der Inseln angebracht. Das gilt auch für Männer, vor allem bei offiziellen Anlässen wie Behördenbesuchen. In Tempeln müssen stets Knie und Schultern bedeckt sein, Wickelröcke und Schärpen kann man sich gegen eine Spende oder

Gebühr am Eingang leihen, wenn man nicht selbst ein Tuch dabeihat. Dünne Baumwollkleidung mit langen Ärmeln und Beinen ist zudem der beste Schutz gegen Sonnenbrand und Mückenstiche. Und selbst wenn sich in Kuta Touristinnen oben ohne sonnen: Nacktbaden ist in Indonesien verboten.

KLIMA & REISEZEIT

Die beste Reisezeit ist in der Trockenzeit von Mai bis Oktober. In der Regenzeit von November bis April regnet es zwar selten durchgehend, aber die heftigen Tropenschauer führen oft zu Überschwemmungen im Landesinneren und schränken die Aktivitäten ein. Die Temperatur bewegt sich das ganze Jahr über um 30 Grad, wobei es in den Bergen deutlich kühler werden kann.

Im vergangenen Jahrzehnt allerdings haben sich die Jahreszeiten mehr und mehr verschoben, sodass es durchaus mal bis Dezember trocken bleiben oder auch im Juli noch regnen kann.

MIETFAHRZEUGE

Überall auf Bali sowie in Senggigi (Lombok) können Sie Mopeds *(ab 4 Euro/Tag)* und Autos *(ab 25 Euro/Tag)* leihen, dazu reicht die Vorlage eines internationalen Führerscheins. Obwohl man in Indonesien offiziell ab 17 Jahren Auto fahren darf, verleihen manche Anbieter ihre Fahrzeuge erst ab einem Mindestalter von 21 Jahren. Ein Auto mit ortskundigem Chauffeur *(45 Euro/Tag)* macht die Fahrt erholsamer. Achtung: Für Mopedfahrer besteht Helmpflicht!

NOTRUF

Ambulanz: *Tel. 118*
Feuerwehr: *Tel. 113*
Polizei: *Tel. 110*, Polizeistation Kuta (Bali): *Tel. 0361 75 15 98*, Polizeistation Mataram (Lombok): *Tel. 0370 62 11 24*

ÖFFENTLICHE VERKEHRSMITTEL

An jeder Straßenecke bieten Fahrer ihre Dienste an, der Preis ist Verhandlungssache. Auch Hotels vermitteln Transportmöglichkeiten, jedoch oft mit Aufschlag. Günstiger sind private Shuttlebusse, z. B. *Kura-Kura Bus (kura2bus.com)* oder *Perama Tours (www.peramatour.com)*, die nach festen Fahrplänen verkehren. Die Einheimischen fahren lieber für wenige Cent mit den lokalen Kleinbussen *(bemo, colt)* – ein Erlebnis für alle, die sich nicht vor Enge und neugierigen Fragen scheuen. In weiten Teilen Balis hat das Touristentransportgeschäft leider fast alle Kleinbusse verdrängt.

In größeren Orten kann man Taxis bestellen *(Blue Bird Bali: Tel. 0361 70 11 11, Blue Bird Lombok: Tel. 0370 62 70 00)*. Sehr beliebt sind die Motoradtaxis von *Go-Jek (www.go-jek.com)*, die per App geordert werden (s. S. 119). Auch *Uber (www.uber.com/cities/bali/)* und *GrabTaxi (www.grab.com)* haben sich in Teilen

WÄHRUNGSRECHNER

€	IDR	IDR	€
1	14 289	1000	0,07
3	42 866	5000	0,35
5	71 443	12 000	0,84
13	185 751	30 000	2,10
40	571 453	80 000	5,59
75	965 605	150 000	10,48
120	1 714 630	240 000	16,77
200	2 857 710	600 000	41,93
500	7 144 290	1 000 000	69,88

Balis ausgebreitet, agieren allerdings in einem legalen Graubereich.
Auf Lombok und den Gilis gibt es *cidomos* und *dokars* (einspännige Pferdewagen), die sich für kürzere Strecken eignen. Auf den Gilis sind die Preise für *cidomos* festgelegt.

ÖFFNUNGSZEITEN

In Indonesien gibt es keine festen Öffnungszeiten. Während auf Märkten und in Lebensmittelläden schon ab Sonnenaufgang Betrieb herrscht, öffnen Boutiquen und andere Läden erst gegen Mittag. Gerade in Touristengebieten haben sie dafür meist bis in den späten Abend auf. Das gilt auch an Sonn- und Feiertagen – mit Ausnahme von *Nyepi,* wo auf Bali alles zu ist. Auch an *Galungan* und *Kuningan* haben viele Läden und Restaurants auf Bali teils oder ganz geschlossen. Auf Lombok gilt dies für *Idul Fitri,* besonders in den abgelegeneren Gebieten.

POST

Jeder größere Ort hat ein Postamt *(kantor pos, Mo–Do 7.30–15, Fr 7.30–11.30, Sa 7.30–13 Uhr).* Häufig kann man Post auch in den Hotels abgeben. Luftpost *(pos udara)* ist ein bis zwei Wochen nach Europa unterwegs. Eine Postkarte kostet 7500 Rp., ein Standardbrief 15 000 Rp.

SICHERHEIT

Am gefährlichsten auf Bali und Lombok ist der Verkehr. Sie können sich ohne Bedenken überall bewegen, auch nachts.

WETTER IN DENPASAR

	Jan.	Feb.	März	April	Mai	Juni	Juli	Aug.	Sept.	Okt.	Nov.	Dez.
Tagestemperaturen in °C	30	30	30	31	31	30	30	31	31	32	32	30
Nachttemperaturen in °C	22	23	23	23	23	23	22	22	22	23	23	23
Sonnenschein Stunden/Tag	8	10	10	10	9	9	9	10	11	10	10	10
Niederschlag Tage/Monat	12	10	7	4	3	3	3	3	2	3	5	10
Wassertemperaturen in °C	28	28	28	29	28	28	27	27	27	27	28	29

Sonnenschein Stunden/Tag · Niederschlag Tage/Monat · Wassertemperaturen in °C

Allein reisende Frauen sollten jedoch auf verbale Anmache gefasst sein. Kleinkriminalität gibt es vor allem in den Touristenorten, meist durch Motorradfahrer, die im Vorbeifahren Taschen wegreißen. Tragen Sie deshalb nur das Wichtigste bei sich, dazu gehört auch der Pass, von dem Sie vorher eine Kopie gemacht haben, inklusive Visum. Kreditkarten etc. können Sie im Hotel einschließen lassen. Lassen Sie keine Wertsachen unbeaufsichtigt im Zimmer, am Strand oder im Auto liegen!

STROM

Die Spannung beträgt 220 Volt. Ein Adapter ist nicht nötig (außer für Schweizer Drei-Pol-Stecker).

TELEFON & HANDY

Die Vorwahl für Telefonate vom Festnetz nach Deutschland ist 00149, nach Österreich 00143 und in die Schweiz 00141 bzw. vom Mobiltelefon +49, +43 und +41. Wer im Hotel kein Telefon hat, kann in ein *wartel* (Telefonladen) gehen. Die Vorwahl von Europa nach Indonesien ist 0062. Bali hat die Vorwahlnummern (0)361 im Süden, (0)362 im Norden, (0)363 im Osten, (0)365 im Westen und für Klungkung (0)366. Lombok und die Gilis erreichen Sie unter (0)370.

Billig mobil telefonieren und chatten Sie mit einer indonesischen Prepaidkarte *(ab 2 Euro)*, die Sie an jeder Ecke aufladen können. Das Roaming für deutsche SIM-Cards ist meist sehr teuer.

TRINKGELD

Im Restaurant sind 10 Prozent angemessen, wenn nicht sowieso eine Servicepauschale verlangt wird – dann einfach das Kleingeld liegen lassen. Ein Fahrer freut sich nach einer Tagestour über 50 000 Rp. extra, einem lokalen Guide sollten Sie je nach Zufriedenheit 20 000–30 000 Rp. geben.

UNTERKUNFT

Vom Homestay bis zum Luxushotel gibt es alle Arten von Unterkünften. Homestays und *losmen* (Pensionen) haben meist keine Klimaanlage und nur ein indonesisches Schöpfbad. Kleinere Unterkünften gewähren oft Rabatt, wenn Sie länger bleiben. Viele der großen Hotels und Villenanlagen bieten erstklassigen Rundumservice. Billiger wird es, wenn Sie rechtzeitig übers Internet buchen. Immer beliebter werden Ferienhäuser mit Pauschalen für Familien oder Gruppen.

ZEIT

Bali, Lombok und die Gilis liegen in der zentralindonesischen Zeitzone (WIT), die der mitteleuropäischen Zeitzone (MEZ) um sieben Stunden voraus ist (MESZ sechs Stunden).

ZOLL

Jede Person darf 1 l Spirituosen sowie 200 Zigaretten oder 100 g Tabak nach Indonesien einführen. Die Einfuhr von Schusswaffen und pornografischem Material ist verboten, auf Drogenschmuggel steht die Todesstrafe. Elektronische Geräte müssen bei der Ausreise wieder mitgenommen werden. Für über 50 Jahre alte Antiquitäten benötigen Sie eine Exportgenehmigung. Die Ausfuhr von geschützten Tieren oder Pflanzen (dazu zählen auch Korallen!) ist verboten, ebenso deren Einfuhr in Europa. Zollfrei dürfen Sie in die EU pro Person 200 Zigaretten und Waren bis zu einem Gesamtwert von 430 Euro einführen *(www.zoll.de)*.

SPRACHFÜHRER INDONESISCH

AUSSPRACHE

Zur Erleichterung der Aussprache: Im Allgemeinen wird die vorletzte Silbe betont. Die Vokale werden gleich lang ausgesprochen. Doppelvokale **ai, au, oi** im Wortinneren werden getrennt, am Wortende wie im Deutschen ausgesprochen.

c	wie in **tsch**üss
e	in Silben, die nicht Endsilben sind: unbetonte **e** am Wortende: betontes **e** in Endsilben: geschlossenes kurzes **ä**
j	wie in **Dsch**ungel
ng	wie in **Ing**e
ngg	wie in **Ing**o
ny	wie **nj** z. B. in „nyonya" (Frau), sprich: njonja
sy	wie **sch** z. B. in „syukur" (Gott sei Dank), sprich: schukur

AUF EINEN BLICK

ja/nein/vielleicht	ya/tidak/mungkin
Danke!/Bitte!	Terima kasih!/Tolong! *(um Hilfe bittend)* Silakan! *(Angebot/Einladung)* Sama-sama! *(keine Ursache)*
Entschuldige/Entschuldigen Sie!	Maaf!
Darf ich ...?	Boleh ...?
Wie bitte?	Bagaimana?
Ich möchte .../Haben Sie ...?	Saya mau .../Apa ada ...?
Wie viel kostet ...?	Berapa harga ...?
Das gefällt mir (nicht).	Saya (tidak) suka.
gut/schlecht	baik/jelek
kaputt/funktioniert nicht	rusak/tidak jalan
zu viel/viel/wenig	terlalu banyak/banyak/sedikit
Hilfe!/Achtung!/Vorsicht!	Tolong!/Awas!/Hati-hati!
Krankenwagen/Polizei/Feuerwehr	ambulans/polisi/pemadam kebakaran
Verbot/verboten/Gefahr/gefährlich	larangan/dilarang/bahaya/berbahaya
Darf ich Sie/hier fotografieren?	Apa saya boleh memotret Anda/di sini?

BEGRÜSSUNG & ABSCHIED

Gute(n) Morgen/Tag/Abend/Nacht!	Selamat pagi *(bis 11 Uhr)*/siang *(11–15 Uhr/* sore *(15–18 Uhr)*/malam *(ab 18 Uhr)*!

Kamu berbicara bahasa Indonesia?

„Sprichst du Indonesisch?" Dieser Sprachführer hilft Ihnen, die wichtigsten Wörter und Sätze auf Indonesisch zu sagen

Hallo!/Auf Wiedersehen!	Halo!/Sampai jumpa!
Tschüss!	Dada!
Ich heiße ...	Nama saya ...
Wie heißen Sie?/Wie heißt du?	Siapa nama Anda?/Siapa nama kamu?
Ich komme aus ...	Saya dari ...

DATUMS- & ZEITANGABEN

Montag/Dienstag	Senen/Selasa
Mittwoch/Donnerstag	Rabu/Kamis
Freitag/Samstag	Jumat/Sabtu
Sonntag/Werktag/Feiertag	Minggu/hari kerja/hari raya
heute/morgen/gestern	hari ini/besok/kemarin
Stunde/Minute	jam/menit
Tag/Nacht/Woche	hari/malam/minggu
Monat/Jahr	bulan/tahun
Wie viel Uhr ist es?	Jam berapa?
Es ist drei Uhr.	Jam tiga.
Es ist halb vier.	Jam setengah empat.
Viertel vor vier	Jam empat kurang seperempat
Viertel nach vier	Jam empat lewat seperempat

UNTERWEGS

offen/geschlossen	buka/tutup
Abreise/Ankunft	keberangkatan/kedatangan
Toiletten/Damen/Herren	kamar kecil/wanita/pria
(kein) Trinkwasser	(bukan) air minum
Wo ist ...?/Wo sind ...?	Di mana ...?
links/rechts/geradeaus/zurück	kiri/kanan/terus/kembali
nah/weit	dekat/jauh
Bus/Kleinbus/Taxi	bis/bemo/taxi
Haltestelle/Taxistand	haltebis/pangkalan taxi
Stadtplan/(Land-)Karte	peta
Bahnhof/Hafen	stasiun/pelabuhan
Flughafen	bandara/airport
Ich möchte ... mieten.	Saya mau ... sewa.
ein Auto/ein Fahrrad	mobil/sepeda
ein Boot	kapal
Tankstelle	pompa bensin
Benzin/Diesel	bensin/solar
Panne/Werkstatt	kendaraan rusak/bengkel

ESSEN & TRINKEN

Reservieren Sie uns bitte für heute Abend einen Tisch für vier Personen.	Tolong reservasi satu meja untuk empat orang nanti malam.
Die Speisekarte, bitte.	Minta menu.
Könnte ich bitte ... haben?	Apa saya tolong bisa mendapat ...?
Flasche/Glas	botol/gelas
Messer/Gabel/Löffel	pisau/garpu/sendok
mit/ohne Eis/Kohlensäure	pakai/tanpa es/gas
Vegetarier(in)/Allergie	vegetaris/alergi
Ich möchte zahlen, bitte.	Saya mau bayar.
Rechnung/Quittung/Trinkgeld	bon/kwitansi/tip, uang rokok

EINKAUFEN

Wo finde ich ...?	Di mana ada ...?
Ich möchte .../Ich suche ...	Saya mau .../Saya cari ...
Brennen Sie Fotos auf CD?	Apa Anda bisa membakar foto di CD?
Apotheke/Drogerie	apotik/toko obat
Bäckerei/Markt	toko roti/pasar
Einkaufszentrum/Kaufhaus	pusat pembalanjaan/mall
Lebensmittelgeschäft	toko bahan makanan
Supermarkt	supermarket
Fotoartikel/Zeitungsladen	toko foto/kios koran
Kiosk	warung/kios
100 Gramm/1 Kilo	seratus gram/satu kilo
teuer/billig/Preis	mahal/murah/harga
mehr/weniger	lebih banyak/lebih sedikit
aus biologischem Anbau	organik

ÜBERNACHTEN

Ich habe ein Zimmer reserviert.	Saya sudah reservasi kamar.
Haben Sie noch ...?	Apa masih ada ...?
Einzelzimmer	kamar untuk satu orang
Doppelzimmer	kamar untuk dua orang
Frühstück/Halbpension	sarapan/makan pagi dan malam
Vollpension	tiga kali makan
nach vorne/zum Meer	menghadap kedepan/menghadap laut
zum See	menghadap danau
Dusche/Bad/Balkon/Terrasse	shower/mandi/balkon/teras

BANKEN & GELD

Bank/Geldautomat/Geheimzahl	bank/ATM/pin
Ich möchte ... Euro wechseln.	Saya mau menukar ... Euro.

bar/ec-Karte/Kreditkarte	tunai/kartu ATM/kartu kredit
Wechselgeld	uang kembalian

GESUNDHEIT

Arzt/Zahnarzt/Kinderarzt	dokter/dokter gigi/dokter anak-anak
Krankenhaus/Notfallpraxis	rumah sakit/bantuan medis darurat
Fieber/Schmerzen	demam/rasa sakit
Durchfall/Übelkeit/Sonnenbrand	menceret/mual/terbakar matahari
entzündet/verletzt	inflamasi/luka
Pflaster/Verband	plaster/perban
Salbe/Creme	salep/krim
Schmerzmittel/Tablette/Zäpfchen	obat anti-nyeri/tablet/uvula/pil taruh

TELEKOMMUNIKATION & MEDIEN

Briefmarke/Brief/Postkarte	perangko/surat/kartu pos
Ich suche eine Prepaidkarte für mein Handy.	Saya cari kartu prabayar untuk HP.
Brauche ich eine spezielle Vorwahl?	Apa saya perlu kode khusus?
Steckdose/Adapter/Ladegerät	stopkontak/adaptor/charger
Computer/Batterie/Akku	komputer/baterai/aki
At-Zeichen („Klammeraffe")	at
Internetadresse (URL)/E-Mail-Adresse	alamat internet/alamat email
Internetanschluss/WLAN	akses internet/WiFi
E-Mail/Datei/ausdrucken	email/file/cetak

FREIZEIT, SPORT & STRAND

Strand	pantai
Sonnenschirm/Liegestuhl	payung/kursi malas
Ebbe/Flut/Strömung	air surut/air pasang/arus

ZAHLEN

0	nol/kosong	11	sebelas
1	satu	12	dua belas
2	dua	80	delapan puluh
3	tiga	90	sembilan puluh
4	empat	100	seratus
5	lima	200	dua ratus
6	enam	1000	seribu
7	tujuh	2000	dua ribu
8	delapan	10000	sepuluh ribu
9	sembilan	1/2	setengah
10	sepuluh	1/4	seperempat

REISEATLAS

Verlauf der Erlebnistour „Perfekt im Überblick"
Verlauf der Erlebnistouren

Der Gesamtverlauf aller Touren ist auch in der herausnehmbaren Faltkarte eingetragen

 Bild: Gunung Agung

Unterwegs auf Bali/Lombok/Gilis

Die Seiteneinteilung für den Reiseatlas finden Sie auf dem hinteren Umschlag dieses Reiseführers

A
B
C
1
2
3
4
5
6
JAVA
Pulau Taboea
Bangsring
25
Tg. Bedak
Pulau Menjangan
5
Tg. Pasirputih
Prapat Agung Peninsula
Tg. Batulicin
G. Prapat Agung 310
Tg. Pulaki
Teluk Pegarmetan
Tg. Rijasa
Mimpi Menjangan Resort
Banyuwedang
Matahari
Labuhan Lalang
Air Panas (Hot Spring)
Sumberkesambi
9
Teluk Terima
6
Makam Jayaprana (Jayaparana's Grave)
Ketapang
Gilimanuk
3
Teluk Gilimanuk
Sumberklampek
13
430
Cekik
Pura Bakungan
Bali Barat N.P. Headquarters
616
G. Kelatakan 698
332
G. Sangiang 1004
591
2
S. Melaya
S. Sangiang
Taman Nasional Bali Barat
Belmbingsari
Ambyasari
S. Sarikuming
788
12
Nyangkraur
Palarejo
Palasari
Adnyasari
Kambangsari
Melaya
Palaksari
Wanasari
4
S. Daya
Nusasari
Candikusuma
33
Jembrana
S. Jogading
Tukadaya
17
Kaliakah
Banyubiru
Baluk
Negara
Baler Bale
Rening
(120)
Jambrana
Cupel
Bull Races
Sangkaragung
Tegalbadeng
Budeng
Pengambangan
Pura Gede Perancak
Tg. Pengambangan
Perancak
Lemondang
Tg. Perancak
Selat Bali
(Bali Strait)
4 km
2.49 mi

D
E
F
1
2
3
4
5
6
LAUT BALI
(Bali Sea)
Tg. Gondol
Pura Pulaki
Melanting
Gondol
64
S. Banyupoh
803
Gerokgak
Celukanbawang
Brombong
Kalisada
Tegal-lenga
Buleleng
G. Musi
1224
1031
G. Mesehe
1344
998
1057
1182
1156
1412
G. Patas
489
982
S. Bilukpoh
701
(Bali Barat National Park)
662
481
742
812
507
662
621
Yeh Embang
Yeh Sumbul
S. Languan
S. Medewi
S. Pulukan
Asahduren
Pesantren
Sembung
Penyaringan
Tegalcangkring
Mendaya
Douhmarga
Yehbuah
Yehembang
Pura Rambut Siwi
Airsatang
Yehsumbul
Pesinggahan
Pulukan
Pekutatan
Pantai Medewi (Medewi Beach)
53
i

A
B
C
1
2
3
4
5
6
4 km
2.49 mi
LAUT BALI
(Bali Sea)
SINGA
Pantai Lovina
(Lovina Beach)
Lovina
Tu
Antura
Kalibukbuk
Temukus
Wanupanggang
21
Labuhan Haji
Damai Lovina
Pegayaman
Pengastulan
Genit
Seririt
Umaanyar
Kalisada
Brombong
Tegal-
lenga
Yehanakan
Banjarasem
Patemon
Tangguwesia
Dencarik
Bubunan
Johanyar
Banjar Tega
Banjar
Brahmavihara Arama
Singsing
Air Terjun
(Sinsing Falls)
Kalopaksa
260
Ringdikit
Komala Tirtaa
(Hot Springs
Air Panas)
623
922
Pedewa
Buleleng
S. Pancuran
Rangdu
Mayong
Bestala
489
S. Mendaun
Busungbiu
Tunjuk
Kayuputih
Banyuatis
Gobleg
Air
Mun
S. Saba
Keberan
Pelapuan
572
Munduk
(700)
730
982
Kedis
Blahmanukan
Umajero
852
812
742
Pucaksari
Air Terjun
Blahmantung
Pertigaan
800
Bantiran
43
Pupuan
798
Kemosing
Sahi
Pujungan
621
Batungsel
Tista
Munduk
Mengenu
Padangan
Pempatan
733
617
Sanda
Medewi
Kebonpadangan
Galiukir
S. Pulukan
Sarinbuana
Asahduren
734
Mengenu
Anyar
Blimbingtegal
502
Blimbing
Kebonjajur
Badingkayu
Penginadan
445
53
2
Ta
Yeh Balian
Yehota
Gumbrih
Pangeragoan
Pancoran
Ampadan
Tinggading
Nagasari
Angkah
282
Antegana
Pegemelan
Lumbung
194
Manseke
Selemadeg
Kutuh
Berembeng
154
Jelijih
Suraberata
Antosari
Meg
Balian
Beach Resort
Lalanglingah
Bajera
Serampingan
Bal
Mambang
War
Cekik
Soka
Dukuhpulu

138

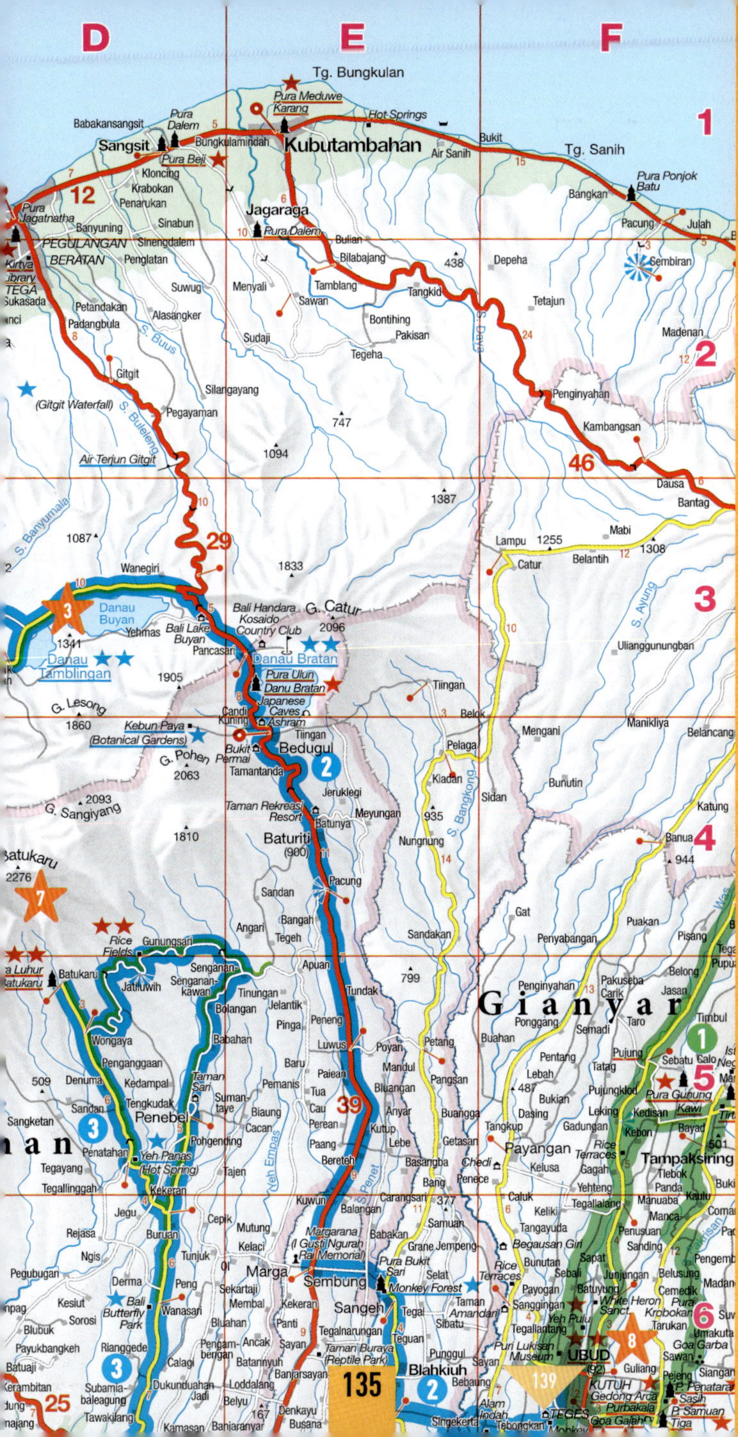

D
E
F
1
2
3
4
5
6
Tg. Bungkulan
Pura Meduwe Karang
Hot Springs
Babakansangsit
Pura Dalem
Sangsit
Bungkulamindah
Kubutambahan
Pura Beji
Air Sanih
Bukit
Tg. Sanih
Pura Ponjok Batu
Kloncing
Krabokan
Penarukan
Jagaraga
Bangkan
Pura Jagatnatha
Banyuning
Sinabun
Pacung
Julah
PEGULANGAN
Sinengdalem
Pura Dalem
Bulian
BERATAN
Penglatan
Bilabajang
438
Depeha
Sembiran
Kirtya Library
TEGA
Sukasada
Suwug
Menyali
Tamblang
Tangkid
Sawan
Tetajun
Petandakan
Alasangker
Bontihing
Padangbula
S. Buus
Sudaji
Pakisan
Madenan
Tegeha
S. Daya
Gitgit
Silangayang
Penginyahan
(Gitgit Waterfall)
Pegayaman
747
Kambangsan
S. Buleleng
Air Terjun Gitgit
1094
Dausa
Bantag
1387
S. Banyumala
1087
Lampu
1255
Mabi
1308
Catur
Belantih
Wanegiri
1833
S. Ayung
Danau Buyan
Bali Handara Kosaido Country Club
G. Catur
2096
Yehmas
Bali Lake Buyan
1341
Pancasari
Danau Bratan
Ulianggunungban
Danau Tamblingan
1905
Pura Ulun Danu Bratan
Tiingan
Japanese Caves
G. Lesong
Candi Kuning
Ashram
Belok
Mengani
Manikliya
Belancang
1860
Kebun Paya (Botanical Gardens)
Tiingan
Pelaga
Bukit Permai
Bedugul
G. Pohen
Kiadan
2063
Tamantanda
Bunutin
Jeruklegi
Sidan
Katung
2093
G. Sangiyang
Taman Rekreasi Resort
Meyungan
Batunya
935
S. Bangkong
Banua
Baturiti (900)
944
1810
Nungnung
Batukaru
2276
Pacung
Sandan
Gat
Puakan
Angari
Bangah
Sandakan
Penyabangan
Pisang
Tegeh
Rice Fields
Gunungsari
Apuan
799
Belong
Pura Luhur Batukaru
Batukaru
Senganan
Senganan-kawan
Penginyahan
Pakuseba
Jasan
Jatiluwih
Tundak
Carik
Tinungan
Jelantik
Gianyar
Taro
Bolangan
Ponggang
Semadi
Timbul
Wongaya
Pinga
Peneng
Babahan
Luwus
Poyan
Petang
Buahan
Pentang
Penganggaan
Baru
Mandul
Pujung
Sebatu
Calo
Lebah
Tatag
509
Denuma
Taman Sari
Paiean
Pangsan
487
Kedampal
Pemanis
Tua
Bukian
Pujungklod
Pura Gunung Kawi
Tengkudak
Suman-taye
Bluangan
Dasing
Leking
Kedisan
Sandan
Biaung
Cau
Anyar
Buangga
Penebel
Sangketan
Cacan
Perean
Kutup
Tangkup
Gadungan
Kebon
Bayad
501
Pohgending
Lebe
Getasan
Payangan
Rice Terraces
Tampaksiring
Penatahan
Yeh Panas (Hot Spring)
Paang
Kelusa
Yeh Empas
Bereteh
Basangba
Chedi
Gagah
Tlebok
Tegayang
Tajen
Penece
Bang
Yehteng
Panda
Tegallinggah
S. Penet
Kuwun
Carangsari
377
Caluk
Manuaba
Kekeran
Tegallalang
Kaulu
Jegu
Cepik
Balangan
Samuan
Keliki
Manca
Rejasa
Buruan
Mutung
Margarana (I Gusti Ngurah Rai Memorial)
Babakan
Tangayuda
Penusuan
Ngis
Kelaci
Grane Jempeng
Begausan Giri
Sanding
Pegubugan
Tunjuk
Marga
Pura Bukit Sari
Selat
Rice Terraces
Bunutan
Sebali
Sapat
Junjungan
Belusung
Derma
Peng
Sekartaji
Sembung
Monkey Forest
Payogan
Batuyung
Madang
Kesiut
Bali Butterfly Park
Membal
Kekeran
Sangeh
Taman Amandari
Sanggingan
White Heron Sanct.
Cemedik
Pura Krobokan
Sorosi
Wanasari
Bluahan
Panti
Tegal
Yeh Pulu
Blubuk
Sibatu
Tegallantang
Tarukan
Umakuta
Pengam-bengan
Ancak
Sayan
Tegalnarungan
Teguan
Goa Garba
Payukbangkeh
Rianggede
Taman Buraya (Reptile Park)
Puri Lukisan Museum
UBUD (92)
Sawan
Batuaji
Batannyuh
Punggul
Sayan
Calagi
Banjarsayan
Blahkiuh
Guliang
Pejeng
Kerambitan
Subamia-baleagung
Dukunduahan
Loddalang
Bebaung
Jadi
Pura Penataran Sasih
Siangan
Tawakilang
Belyu
167
Denkayu
Alam Indah
Gedong Arca
Kamasan
Banjaranyar
Busana
Singekerta
Tebongkan
TEGES
Purbakala
P. Samuan Tiga
Goa Gajah
12
46
29
39
25
139

A
B
C
Pura Ponjok Batu
Julah
Tg. Gulan
Bondalem
Tejakula
Sembiran
Madenan
Les
Kawanan
Sambirenteng
Alam Anda
Tembok
Tg. Ngis
Lupak
Tg. Tekurenan
90
Siakin
46
Dausa
Pura Tegeh Kuripan
Bantag
Sukawana
G. Penulisan
Penulisan
1399
Belandingan
Pinggan
Pura Ulun Danu Batur
Pura Bukit Mentik
Yehmampeh
Songan
G. Batur
1717
Kintamani
Pura Ulun Danu Batur
Batur
Toya Bungkah
Kuban
Hot Spring
Trunyan
Danau Batur
Pura Jati
Pura Jagat
Kalanganyar
Gunawan Resort
1073
Abang
G. Abang
2153
Temakung
Belancang
Peludu
Penelokan (1452)
Kedisan
Buahan
1388
Bayunggede
Bangli
Suter
Katung
Sekardadi
Sekaan
Sunting
Banua
944
Kuda
Pengotan
Karanga
G. Agung
3142
Prean
Palakitying
Pisang
Bilukang
Kayuambua
Puakan
Tegalsuci
Pupuan
Seribatu
848
Bangkiet
Belong
Jasan
Kembangmertha
Pura Besakih
950
Besakih
Danginkreteg
Lebih
Pura Pasar Agung (1500)
Timbul
Tiga Temen
33
Pempatan
Telungbuana
Sangkan
Sebatu
Calo
Istana Negara
Kayubihi
Metrakaja
Buyan
Manukaya
Pangiyangan
Banungan
Metraklod
Sebudi
1388
Pura Gunung Kawi
Pura Sakenan
Lumbuan
Kayang
Kedui
Manikaji
Menanga
Singarata
Kedisan
Tirta Empul
Kikian
Tampuagan
Sukaluwih
Bayad
501
(630)
Penglipuran
Bangkiangsidem
Rice Terraces
Seladumi
Tampaksiring
Kubu
Tegalasah
Langsat
Muncan
556
Selat
Santi
Gerianaka
Tebok
Gunung Kawi
Susut
Penida
Pajuk
Bangbang
Duda
Pengubungan
Manuk
Pura Kehen
Tingkatbatu
Cepunggung
Ablanbangbang
Panda
Bukit
Selat
Bangbang
Bujaga
Pesangkan
Kaulu
Petak
Penatahan
Cempaga
Segah
Rice Terraces
Padangtunggal
Manca
Comanik
Demulih
Sala
Pura Dalem Cungkub
Tembuku
Nongan
Sanggem
Padpadan
Nyangunkaja
Iseh
Bangli
Pura D. Pengungekan
Taman
Nyalian
Saren
Sidemen
720
Pengembungan
Pesaban
Semseman
601
826
Belusung
Cemedik
Madangari
Sedit
Petak
Bungbungan
Bukit Jambal
Tabola
Pura Krobokan
Suwat
Timuhun
Sangkungan
Undisan
Yehpoh
Umakuta
Tanggahan
Panti
Payangan
Kelungah
Telengan
308
Kabetan
Pemenang
Selisihan
Wangsiah
Sari
Klaranganyar
Sawan
Goa Garba
Siangan
Seda
Umanyar
Tabon
Telunwajah
Tanahampo
Talang
Nyalian
Sengliding
Selat
Bajing
Tangkup
Silebeng
699
Gegelang
Ulakan
P. Penataran Sasih
Pura Penataran Agung
Aan
Pamogan
Sukanaji
Seleti
Guliangkawah
Manduang
313
Angantelu
Babakan
Pakel
P. Samuan Tiga
Bekas
Getakan
Besang
Cegeng
426
Besan
Pacung
Selat
Pura Bukit Jati
Paku
Klungkung (Semarapura)
Gelogor
Wanayu
Beng
Sidan
Tihingan
Kerta Gosa
Metulis
Padang Bai
Tegallingah
Bitera
Puri Gianyar
Kembengan
Paksebali
Pikat
Kutri
Pura Bukit Dharma
Peteluan
Tusan
Penasan
Sampatan
Dawan
Pangi
Goa Lawah
Buruan
Gianyar
Pege
Tegal
Banjarangkan
Gunaksa
Pundukdawa
Abianbasen
Kuripan
Kamasan
Pesinggahan
(Bat Cave)
Getas
Bono
Serongga
Tulikup
Klungkung
Toyapakeh
Blahbatuh
Tedung
Losan
Tangkas
Kusamba
Belega
Kesian
Negari
Lepang
Salt Pans
Kebon
Selat
139
S. Ayung
S. Melangit
S. Sangsang
S. Bubuh
S. Petanu
S. Daya

D
E
F
1
2
3
4
5
6
Nusa Lembongan
Jungutbatu
Tamarind Bay
Mushroom Bay
Sandy Bay
Dream Beach
Lembongan
Nusa Ceningan
Tg. Biasmenti
Prapat
Toyapakeh
Ped
Pura Dalem Penataran Ped
Kutampi
Mentigi
Sampalan
Telaga
Senthalkangin
Batumalapan
Biyaung
Senthalkawan
Sebunibus
Sakti
Penida
139
Jurangpait
289
Gelagah
Goa Karangsari
Karangsari
Pura Puseh Yehulaten
Celagilandan
Suana
Pura Batu Medau
Klumpu
Pulagan
Pundukakaja
Bukit Mundi
529
Nusa Penida
Penangkidan
Semaya
Tg. Sari
Karangjawa
Sebuluh
Batumadeg
Batukandik
Pejukutan
Pura Pusek Agung Meranting
439
Karang
Tg. Abah
Air Terjun
Antapan
Dungkap
Tanglad
Debuluh
422
Ramoan
Tg. Moling
Sekartaji
Tg. Atuhlili
Tg. Bakung
4 km
2.49 mi
Baturinggit
Kubu
Kalanganyar
Pantai Tulamben
Tulamben
Tg. Muntik
Merita
Paselatan
Amed
Apa Kabar Villas
Jemeluk
Bunutan
Biaslangtang
Culik
Dalah
Kebon
Kahangkahang
Linggawana
Lipah
Selang
560
343
Tista
768
Bangle
502
Aas
Rice Terraces
Magatelu
Pura Lempuyang
756
Batukeseni
Abang
Ngis
G. Lempuyang
1175
Kusambi
Gili Selang
S. Nyuling
Rice Terraces
1058
G. Sereya
Tanah Barak
Ababi
Bias
Sadimara
Kuhum
Abianjiro
Tirtagangga
Tirta Ayu
(Royal Bath. Pools)
Cabé Bali Temega
Peladung
Penahan
Seraya Timur
Rice Terraces
Tihingan
Budakling
Sarendukuh
Kebon
Seraya
Jungutan
Saren
Jungseri
Padangkerta
Tegalinggah
Amlapura
(Karangasem)
Selalang
Kayuputih
Bebandem
Abian Soan
Sibetan
Macang
Kecicang
Puri Agung Kanginan
Tumbu
473
Bungaya
Subagan
108
Biyol
Ngis
Tenganan
Asak
Ujung
Puri Taman Ujung
(Water Palace)
Timbrah
Jasri
Dauhtukad
Pasedahan
Apityeh
390
Perasi
Nyuhtebel
Bugbug
Sengkidu
Buitan
21
299
Tg. Bias Putih
Pantai Balina
(Balina Beach)
Candidasa
Gili Biaha
Tg. Bugbug
Gili Mimpang
Gili Kambing
Selat Lombok
(Lombok Strait)
Gilis
4 km
2.49 mi
Lembar (Lombok)

A
B
C
1
2
3
4
5
6
134
Tabanan
Blimbing-tegal
Sarinbuana Eco Lodge
Kebonjajung
Wongaya
Penganggaan
Babahan
Kedampal
Taman Sari
Denuma
Sandan
Tengkudak
Penebel
Sangketan
Penatahan
Yeh Panas (Hot Spring)
Pohgending
Tegayang
Tegallinggah
Kekeran
Tajen
Jegu
Buruan
Cepik
Mutung
Rejasa
Ngis
Tunjuk
Kelaci
Pegubugan
Derma
Peng
Marga
Sekartaji
Membal
Kekeran
Kesiut
Sorosi
Bali Butterfly Park
Wanasari
Bluahan
Blubuk
Payukbangkeh
Riangede
Calagi
Pengambengan
Ancak
Sayan
Panti
Batannyuh
Batuaji
Kerambitan
Subamia-baleagung
Dukunduahan
Loddalang
Belyu
Jadi
Mandung
Lumajang
Samsam
Tawakilang
Tabanan
Kamasan
Banjaranyar
Bajra
Pangkung-peamu
Krambitan
Puri Anyar
Puri Agung
Pangkungarung
Tanahbang
Subak Museum
Senggauk
Kediri
Karipan
Pasekan
Mengwi
Demung
Kumpayah
Pura Puseh
Pura Sada
Muncan
Bringkit
Kapal
Pupuan
Tista
Sronggo
Tandan
Penarukan
Tanahpegat
Bantas-bandung
Pandakmeranggi
Simpangan
Wansera
Pamesan
Bengkelkawan
Mundeh
Kababaka
Sangiang
Tangeb
Lukluk
Perangkelod
Belalang
Dauhjero
Balangpuseh
Kapal
Beraban
Panti
Buwit
Krobokan
Umacandi
Dalung
Sempidi
Negara
Nyanyi
Munggu
Gede
Gaji
Padang-bali
Celuk
Tegallingah
Tanah Lot
Pura Tanah Lot
Bali Nirwana Resort
Dukuh
Sangiangan
Sedahan
Kangkang
Danginsema
Tibueneng
Kayutulang
Krobokan
Ubung
Mengening
Pererenan
Pengembungan
Seseh
Canggu
Villa Puri Dewata
Jambe
Kerobokan
LEMINTANG
BALUN
PADANGSAMBIAN
PAMEDILAN
Banjartengah
Pelambingan
Anyar Kelod
Buana
Pengubengan
Berawa
Umalas
JEMATANG
BUWAGAN
Batubelig
Taman
Padang sambu
Petitenget
Pura Petitenget
Basangkasa
ABIANTIMBUL
PEDUNG
Seminyak
Plasa
Kepawon
Dukuh
Legian
Glogor
Jangut
Teluk Kuta
Kuta
Kajeng
Suwungged
Waterbom Park
Abiyankuta
Tuban
Ngurah Rai Int. Airport
DPS
Kedonganan
Tg. Benoa
Labuhan Benoa
Teluk Jimbaran
Pengederan
Jimbaran
Four Seasons
Mumbul
Balangan Beach
Pura Belangan
Dreamland Beach
Cengiling
Simpangan
Universitas Udayana (UNUD)
Bingin Beach
Padang Padang Beach
Suluban Beach
Labuansait
Bukit Badung
Bangbang
Bargol
Suluban
Pura Luhur Uluwatu
Uluwatu
Pecatu
Bakung
Kutuh
Ungasan
Nyang Nyang Beach
Pura Mas Suka
Pura Batu Pageh
Bali Cliff Resort
Tg. Bulungdaya
Nagasari
Angkah
Lumbung
Antegana
Ampadan
Tinggading
Manseke
Berembeng
Selemadeg
Jelijih
Megati
Gadungan
Timpag
Antosari
Bajera
Serampingan
Bantas
Meliling
Wangkal
Mambang
Dukuhpulu
Cekik
Soka
Antap
Bebali
Santanbuah
Banjarbongan
Tangguntiti
Jaketebel
Blumbang
Klecung
Beraban
Tegaltemu
Klating
Klatingdukuh
Kalanganyar
Sudimara
Yehgangga
Pinga
Luwus
Baru
Pemanis
Paiean Tua
Biaung
Cacan
Cau
Perean
Paang
Bereteh
Kuwum
Balangan
Margarana (I Gusti Ngurah Rai Memorial)
Sembung
Sangeh
Tegainarungan
Taman Buraya (Reptile Park)
Badung
Banjarsayan
Baha
Denkayu
Busana
Pura Taman Ayun
Dajanpe
Munggu
Nambalko
Yeh Balian
Yeh Empas
Yeh Ha
Yeh Sungi
S. Penet
SAMUDERA
INDONESIA
(Indian Ocean)
4 km
2.49 mi

D
E
F
1
2
3
4
5
6
Gianyar
Klungkung
Bangli
Ubud
Payangan
Tampaksiring
Pura Gunung Kawi
Tirta Empul
Pura Sakenan
Sebatu
Istana Calo Negara
Manukaya
Pangiyangan
Lumbuan
Kayubihi
Banungan
Kedui
Kayang
Kikian
Penglipuran
Kubu
Pura Kehen
Penida
Tingkatbatu
Bangbang
Cempaga
Pura Dalem Cungkub
Tembuku
Nyangunkaja
Pura D. Pengungekan
Nyialian
Metraklod
Manikaji
Tampuagan
Bangkiangsidem
Tegalasah
Pajuk
Buyan
Menanga
Singarata
Langsat
Bangbang
Muncan
Rice Terraces
Cepunggung
Bujaga
Segah
Ipah
Nongan
Saren
Sanggem
Sidemen
Pesaban
Semseman
Bukit Jambal
Sangkungan
Tabola
Undisan
Sari
Telun
Payangan
Kelungah
Wangsiah
Bajing
Tangkup
Silebeng
Pamogan
Sukanaji
Besan
Cegeng
Klungkung (Semarapura)
Paksebali
Sampatan
Dawan
Metulis
Gunaksa
Kamasan
Tangkas
Kusamba
Salt Pans
Jumpai
Sidayu
Pura Batu Kolok
Jroagung
Satra
Gelgel
Takmun
Losan
Kerta Gosa
Penasan
Tusan
Banjarangkan
Kuripan
Kembengan
Tihingan
Pura Bukit Jati
Bekas
Getakan
Paku
Besang
Manduang
Aan
Sengliding
Selat
Tabor
Selisihan
Panti
Bungbungan
Timuhun
Nyalian
Umanyar
Pemenang
Seda
Petak
Sedit
Tanggahan
Pura Penataran Agung
Guliangkawah
Selat
Sidan
Peteluan
Puri Gianyar
Beng
Seleti
Talang
Gianyar
Pege
Tegal
Tulikup
Negari
Tegalbesar
Ilepang
Serongga
Kesian
Medahan
Lebih
Bali Marine & Safari Park
Pura Segara
Pura Masceti
Pura Batu Klotok
Tg. Petanu
Keramas
Pering
Saba
Tedung
Belega
Bono
Getas
Abianbasen
Tegal
Batusepih
Buruan
Kutri
Pura Bukit Dharma
Bitera
Pacung
Wanayu
Tegallingah
Bedulu
Goa Gajah
Tiga
P. Samuan
Sasih
P. Penataran
Siangan
Sawan
Goa Garba
Kabetan
Tarukan
Umakuta
Pura Krobokan
Suwat
Madangan
Cemedik
Belusung
Pengembungan
Sanding
Penusuan
Manga
Manuaba
Panda
Tiebok
Kaulu
Comanik
Padpadan
Bukit
Selat
Petak
Penatahan
Demulih
Sala
Manuk
Susut
Kedisan
Kebon
Rice Terraces
Gunung Kawi
Bayad
Rice Terraces
Sebali
Payogan
Sanggingan
Yeh Pulu
Puri Lukisan Museum
Penestanan
Sayan
Padangtegal
Peliatan
Teges
Kutuh
Gedong Arca
Purbakala
Guliang
Monkey Forest
Mas
Kunba
Kelingkung
Kengetan
Belang
Tebongkan
Silungan
Blahbatuh
Sua Bali
Sakah
Mawang
Kemenuh
Air Terjun Tegenungan
Belaluwan
Negara Art Centre
Batuan
Teglulung
Kebon
Tojan
Sukawati
Singapadu
Rimba Reptile
Taman Burung Bali Bird Park
Celuk
Tebuana
Banda
Pinda
Telabah
Tegaltamu
Cemenggaon
Pura Puseh
Batubulan
Batuaji
Guang
Rangkan
Ketewel
Pabean
Laplap
Semaga
Tohpati
Sasih
Akte
Kesiman
Gumicik
Biaung
Denpasar
Padang Galak
Tanjungbungkak
Bali Museum
Museum Le Mayeur
Renon
Intaran
Sanur
Sindhu
Batujimbar
Semawang
Blanjong
Sidakarya
Tg. Serangan
Ponjok
Pulau Serangan (Turtle Island)
Tanjung Benoa
Cengkilung
Bualu
Nusa Dua
Pura Geger
Bali Resort
Selat Badung (Badung Strait)
Nusa Lembongan
Tamarind Bay
Jungutbatu
Mushroom Bay
Sandy Bay
Dream Beach
Lembongan
Nusa Ceningan
Gilis
Tg. Sari
Lembar (Lombok)

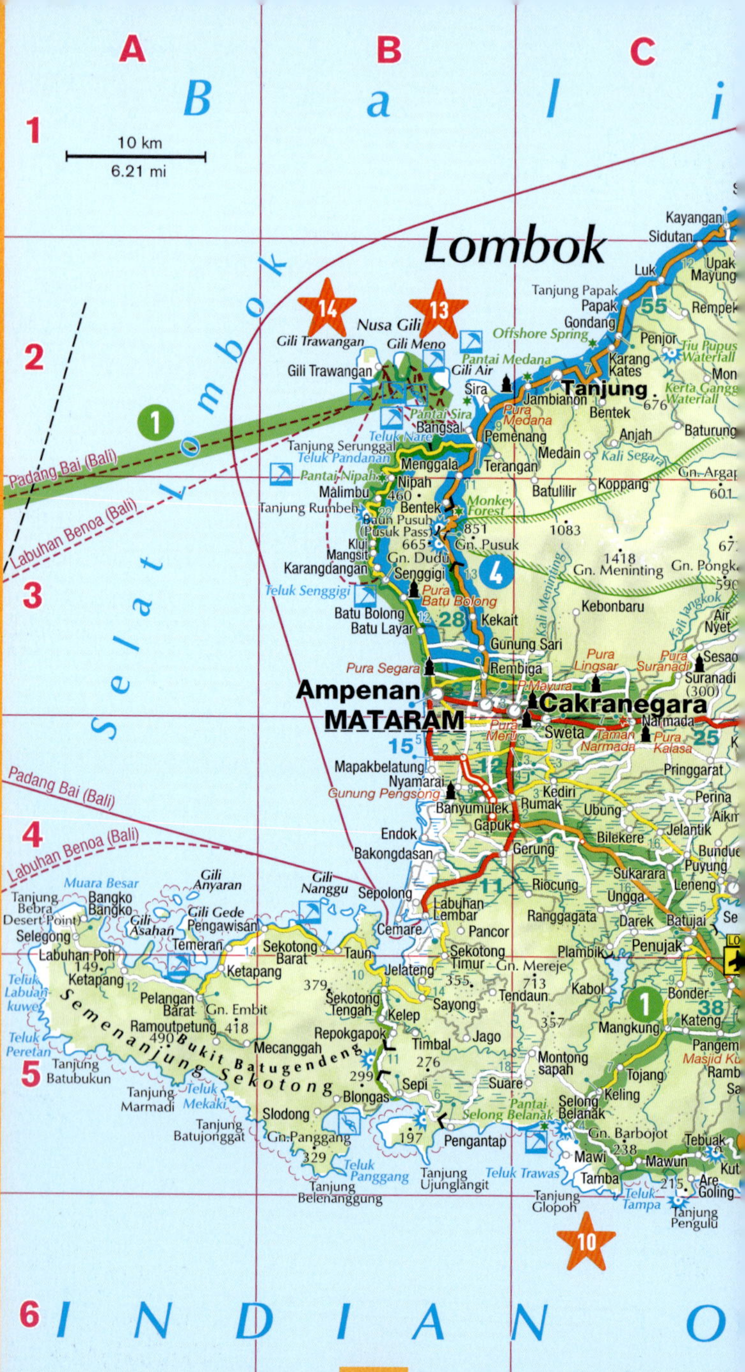
A
B
C
1
2
3
4
5
6
10 km
6.21 mi
Bali
Lombok
Selat Lombok
INDIAN O
Padang Bai (Bali)
Labuhan Benoa (Bali)
Nusa Gili
Gili Trawangan
Gili Meno
Gili Air
Offshore Spring
Pantai Medana
Pantai Sira
Teluk Nare
Tanjung Serunggal
Teluk Pandanan
Pantai Nipah
Sira
Tanjung
Jambianon
Bentek
Pura Medana
Bangsal
Pemenang
Medain
Menggala
Nipah
Malimbu
Terangan
Batulilir
Koppang
Tanjung Rumbeh
Baun Pusuh (Pusuk Pass)
Monkey Forest
851
Gn. Pusuk
1083
Kluí
Mangsit
Karangdangan
Gn. Dudu
665
Senggigi
1418
Gn. Meninting
Teluk Senggigi
Pura Batu Bolong
Batu Bolong
Batu Layar
Kekait
Kebonbaru
Gunung Sari
Pura Segara
Rembiga
Pura Lingsar
Pura Suranadi
Sesao
Suranadi (300)
Ampenan
MATARAM
P. Mayura
Cakranegara
Narmada
Pura Meru
Sweta
Taman Narmada
Pura Kalasa
Mapakbelatung
Nyamarai
Gunung Pengsong
Banyumulek
Kediri
Rumak
Gapuk
Pringgarat
Perina
Ubung
Endok
Bakongdasan
Gerung
Bilekere
Jelantik
Sukarara
Puyung
Leneng
Riocung
Ungga
Darek
Batujai
Labuhan Lembar
Pancor
Ranggagata
Penujak
Kayangan
Sidutan
Luk
Upak
Mayung
Tanjung Papak
Papak
Gondang
Rempek
Penjor
Tiu Pupus Waterfall
Karang Kates
Kerta Gangga Waterfall
Mon
676
Anjah
Baturung
Kali Segara
Gn. Argap
601
Gn. Pongka
590
Kali Meninting
Kali Jangkok
Air Nyet
Gili Anyaran
Gili Nanggu
Sepolong
Muara Besar
Tanjung Bebra
Desert Point
Bangko Bangko
Gili Asahan
Gili Gede
Pengawisan
Selegong
Temeran
Sekotong Barat
Taun
Cemare
Labuhan Poh
149
Ketapang
Teluk Labuan kuwe
Pelangan Barat
Gn. Embit
418
Ramoutpetung
490
379
Sekotong Tengah
Jelateng
Sekotong Timur
Gn. Mereje
713
355
Tendaun
Kabol
Plambik
Sayong
Kelep
357
Bonder
Mangkung
Kateng
Pangem
Masjid Ku
Teluk Peretan
Semenanjung Sekotong
Bukit Batugendeng
Mecanggah
Repokgapok
Timbal
Jago
276
Montong sapah
Tojang
Keling
Tanjung Batubukun
Tanjung Marmadi
Teluk Mekaki
299
Sepi
Suare
Blongas
Slodong
Tanjung Batujonggat
Gn. Panggang
329
197
Pengantap
Pantai Selong Belanak
Selong Belanak
Gn. Barbojot
238
Mawi
Mawun
Tebuak
Tamba
215
Are Goling
Teluk Panggang
Tanjung Belenanggung
Tanjung Ujunglangit
Teluk Trawas
Tanjung Glopoh
Teluk Tampa
Tanjung Pengulu

D
E
F
Bima (Sumbawa)
Sea
1
2
3
4
5
6
Embarembar
Sukadana
Labuhan Carik
Pengadang
Anyar
Segenter
Ancak
Bayan
Kalih Putih
Masjid Wetu Telu
Rinjani Mountain Garden
Obel Obel
Pedamekan
Gili Lawang
Guahgunjan
Munder
Batu Koq
Sendanggila Waterfall
Dasan-santong
543
Tenggorong
Senaru (860)
Tiu Kelep Waterfall
Torean
Belangting
Srlat Sangian
Gili Sulat
Tiuteja Waterfall
Sayang
Gn. Turunanjalan
1626
Sandongan
428
Karya
Gn. Terangbukit
Ujung
Gn. Sengkor
1490
Sugian
Gn. Sampurarung
2037
Goa Susu (Milk Cave)
Sembalun Lawang
Kolok Tibulete
Suradadi
Sembalun Bumbung
Sambelia
Maroak
2612
Gn. Plawangan
Hot Springs
Gn. Kanji
2238
465
Labuhan Pandan
Gn. Tanaklayur
2361
2045
Gn. Anjeman
103
Pulu Lampur
1892
2664
Gn. Baru
3726
12
2077
2330
Kampungbaru
Gili Pentangan
1602
Danau Segara Anak
Gunung Rinjani
Gn. Propok
Gn. Nangi
Sengalangalang
Leper
Gunung Rinjani National Park
Kokok Segara
Limbungan
Labuhan Tano
Kokok Blimbing
Desanerot
Sapit (1400)
Labuhan Kayangan
Pesugulan
Kuangreban
Labuhan Lombok
Jeruk Manis Waterfall
Kontrak
Jeneng
Joben Waterfall
Jukut Waterfall
Timbanuh
Swela
Cemparonan
P. Belang
Otakkokok
Kembang Kuning
Loang Geli
Mekam Selaparang
Selaparang
Ketapang
Pernotoh
Tetebatu (600)
Pengadangan
Freshwater Spring
32
Pringgabaya
Aik Mel
Wajegeseng
Mambendaya
Kerumut
Kotaraja
Ledang-nangka
Lenek
Pringga Jurang
Suralaga
Aikdalem
Loyok
Rungkang
Rembung
Mantang
Kilang
Penakak
Korleko
Suka Mulya
Sikur
Masbagik
Kopang
Montong-gamang
Selong
20
Pancor
15
Geres
Tanjung Belusun
Suradadi
Kabar
Kelayu
Tanjung
Pendem
Lenting
Sakra
Janapria
Sisik
Bakan
Kerem-bong
Montongtangi
Peneda-gandor
Labuhan Haji
P. Savong
Palung
Kali Palung
Beraim
Lepak
Surabaya
Batunyale
Tebusisok
Sepit
Menceh
Seliat
Pejanggik
Beleka
Tundak
Mujur
Ganti
Sukaraja
Selayar
P. Sesasait
Keruak
Tanjung Luar
Marong
Senanti
Sepapan
Selat Alas
Buntereng
Batu Rintang
Jerowaru
Pelebe
Teluk Kecebing
Ngempeng
Sale
Tolone
Pene
Salt Ponds
Tanjung Galuh
Saung
Gelogor
Batu Nampar
Ekas
Pemokong
Tanjung Jelenganya
Temeak
Pasung
Salt Ponds
Tanjung Ringgit
Jelenga
Teluk Awang
Ekas
Sunut
Kelekuh
Awang
Bay
Pengorosdalam
Teluk Mangkurun
Kuta
Kuangrundun
Benete
Gerupuk
Bumbang
Kaliantan
Sekaroh
Tanjung Malok
Pantai Pedau
Serewe
Malok
Pantai Aan
Tanjung Nunuk
Tanjung Labulawah
105
Sekongkang Atas
Tanjung Bilasayak
Tanjung Bungkulan
Tanjung Amat
Teluk Sekongka
OCEAN
Tanjung Mengkun
Sumbawa

A
B
C
1
2
3
4
5
6
Gili Trawangan
500 m
547 yd
Selat Lombok (Lombok Strait)
Coral Fan Garden
Desa Dunia Beda
Alam Gili
Karma Kayak
Gili Eco Bungalows
Coral Beach II
Luce d'Alma
Menara-Suar-Lighthouse
Halik und Deep Halik
Horizontal Lounge
Manta Dive & Bungalows
Shark Point
Ombak Sunset
Gili Surfshop
Internetcafé
Perama
Sama-Sama Bungalows Bar
Blue Marlin Dive
Dream Divers
Pesona Resort & Sheesha Lounge
Kayu Café
Landing place Trawangan
Yoga Place
Night Market
Big Bubble Dive
14
72
Bukit Trawangan
Rudy's Pub
Scallywags
Manta Point
Tir Na Gog
Ryoshi
Exile
Clinic Vila Ombak
Hotel Vila Ombak
Pearl Beach
Ko Ko Mo Resort
Pondok Santi
Sunset Point

D
E
F
1
2
3
Simon Reef
Beach Bar
Divine Divers
Balenta-
breeding station
Good Heart
Ana's Warung
Meno
Wall
Sunset Gecko
Mahamaya
Boutique Resort
Kebun Kupu-Kupu
Eco Resort
Diana Café
Salt
Lake
Villa Sayang
Tourist agency/
Internetcafé
Cavern
Restaurant
Gili Meno
Bird Park
Rust Shop
Landing place
Meno
Blue Marlin Dive Center
Mao Meno
Villa Nautilus
Mallia's Child
Tao Kombo & Jungle Bar
Gazebo Turtle Sanctuary
Perama
Gili Meno
500 m
547 yd
Meno Air

Hans Reef
Gili Air
500 m
547 yd
4
5
6
Legend
Pub
Hotel Gili Air
Mirage Bar
Difa Café
Mexican
Kitchen
Damai Bungalows
Blue Marlin Dive Center
Space Bar
Ozzy's Shop
Island View
Coconut Cottages &
Frangipani Restaurant
H2O
Yoga
Internetcafé
Manusia
Green
Lodge
Gili Air Santay Restaurant
Biba Beach Cafe
Air Wall
Senang Villa
Sunrise Hotel
Manta Dive
Chill out Bar
The Zipp Bar
Perama
Mowie's
Dream Divers
Scallywags
Landing place
Air

KARTENLEGENDE

Straße mit zwei getrennten Fahrbahnen
Dual carriage-way

Durchgangsstraße
Thoroughfare

Wichtige Hauptstraße
Important main road

Hauptstraße
Main road

Sonstige Straße
Other road

Fahrweg, Piste
Carriage way, track

Karrenweg, Fußweg
Mule-track, footpath

Straßen in Bau
Roads under construction

49 Großkilometer
Long distances in km

10 Kleinkilometer
Short distances in km

Fernverkehrsbahn
Main line railway

Autofähre
Car ferry

Schifffahrtslinie
Shipping route

Sumpf
Swamp

Mangrove
Mangrove

Korallenriff
Coral reef

Landschaftlich besonders schöne Strecke
Route with beautiful scenery

15% Bedeutende Steigungen
Important gradients

DENPASAR Verwaltungssitz
Administrative capital

Verkehrsflughafen
Airport

Flugplatz
Airfield

Kultur
Culture

★★ **UBUD** Eine Reise wert
Worth a journey

★ **Krambitan** Lohnt einen Umweg
Worth a detour

Landschaft
Landscape

★★ *Danau Bratan* Eine Reise wert
Worth a journey

★ *Kebun Paya* Lohnt einen Umweg
Worth a detour

Besonders schöner Ausblick
Important panoramic view

Nationalpark, Naturpark
National park, nature park

4807 Bergspitze mit Höhenangabe in Metern
Mountain summit with height in metres

(630) Ortshöhe
Elevation

Kloster, Tempel, Heiligtum (buddhistisch)
Monastery, temple, shrine (Buddhist)

Tempel, Heiligtum (hinduistisch)
Temple, shrine

Schloss, Burg
Palace, castle

Denkmal
Monument

Wasserfall
Waterfall

Höhle
Cave

Ruinenstätte
Ruins

Sonstiges Objekt
Other object

Golfplatz
Golf-course

Jugendherberge
Youth hostel

Badestrand
Bathing beach

Tauchen
Diving

1 MARCO POLO Highlight

MARCO POLO Erlebnistour 1
MARCO POLO Discovery Tour 1

MARCO POLO Erlebnistouren
MARCO POLO Discovery Tours

FÜR IHRE NÄCHSTE REISE ...

ALLE **MARCO POLO** REISEFÜHRER

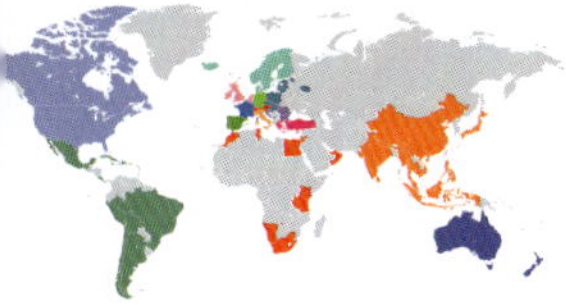

DEUTSCHLAND

Allgäu
Bayerischer Wald
Berlin
Bodensee
Chiemgau/ Berchtesgadener Land
Dresden/ Sächsische Schweiz
Düsseldorf
Eifel
Erzgebirge/ Vogtland
Föhr & Amrum
Franken
Frankfurt
Hamburg
Harz
Heidelberg
Köln
Lausitz/Spreewald/ Zittauer Gebirge
Leipzig
Lüneburger Heide/ Wendland
Mecklenburgische Seenplatte
Mosel
München
Nordseeküste Schleswig-Holstein
Oberbayern
Ostfriesische Inseln
Ostfriesland/Nordseeküste Niedersachsen/Helgoland
Ostseeküste Mecklenburg-Vorpommern
Ostseeküste Schleswig-Holstein
Pfalz
Potsdam
Rheingau/ Wiesbaden
Rügen/Hiddensee/ Stralsund
Ruhrgebiet
Schwarzwald
Stuttgart
Sylt
Thüringen
Usedom
Weimar

ÖSTERREICH SCHWEIZ

Kärnten
Österreich
Salzburger Land
Schweiz
Steiermark
Tessin
Tirol
Wien
Zürich

FRANKREICH

Bretagne
Burgund
Côte d'Azur/ Monaco
Elsass
Frankreich
Französische Atlantikküste
Korsika
Languedoc-Roussillon
Loire-Tal
Nizza/Antibes/ Cannes/Monaco
Normandie
Paris
Provence

ITALIEN MALTA

Apulien
Dolomiten
Elba/Toskanischer Archipel
Emilia-Romagna
Florenz
Gardasee
Golf von Neapel
Ischia
Italien
Italienische Adria
Italien Nord
Italien Süd
Kalabrien
Ligurien/ Cinque Terre
Mailand/ Lombardei
Malta & Gozo
Oberital. Seen
Piemont/Turin
Rom
Sardinien
Sizilien/ Liparische Inseln
Südtirol
Toskana
Venedig
Venetien & Friaul

SPANIEN PORTUGAL

Algarve
Andalusien
Azoren
Barcelona
Baskenland/ Bilbao
Costa Blanca
Costa Brava
Costa del Sol/ Granada
Fuerteventura
Gran Canaria
Ibiza/ Formentera
Jakobsweg Spanien
La Gomera/ El Hierro
Lanzarote
La Palma
Lissabon
Madeira
Madrid
Mallorca
Menorca
Portugal
Spanien
Teneriffa

NORDEUROPA

Bornholm
Dänemark
Finnland
Island
Kopenhagen
Norwegen
Oslo
Schweden
Stockholm
Südschweden

WESTEUROPA BENELUX

Amsterdam
Brüssel
Dublin
Edinburgh
England
Flandern
Irland
Kanalinseln
London
Luxemburg
Niederlande
Niederländische Küste
Schottland
Südengland

OSTEUROPA

Baltikum
Budapest
Danzig
Krakau
Masurische Seen
Moskau
Plattensee
Polen
Polnische Ostseeküste/ Danzig
Prag
Slowakei
St. Petersburg
Tallinn
Tschechien
Ungarn
Warschau

SÜDOSTEUROPA

Bulgarien
Bulgarische Schwarzmeerküste
Kroatische Küste Dalmatien
Kroatische Küste Istrien/Kvarner
Montenegro
Rumänien
Slowenien

GRIECHENLAND TÜRKEI ZYPERN

Athen
Chalkidikí/ Thessaloníki
Griechenland Festland
Griechische Inseln/ Ägäis
Istanbul
Korfu
Kos
Kreta
Peloponnes
Rhodos
Sámos
Santorin
Türkei
Türkische Südküste
Türkische Westküste
Zákinthos/Itháki/ Kefalloniá/Léfkas
Zypern

NORDAMERIKA

Chicago und die Großen Seen
Florida
Hawai'i
Kalifornien
Kanada
Kanada Ost
Kanada West
Las Vegas
Los Angeles
New York
San Francisco
USA
USA Ost
USA Südstaaten/ New Orleans
USA Südwest
USA West
Washington D.C.

MITTEL- UND SÜDAMERIKA

Argentinien
Brasilien
Chile
Costa Rica
Dominikanische Republik
Jamaika
Karibik/ Große Antillen
Karibik/ Kleine Antillen
Kuba
Mexiko
Peru & Bolivien
Yucatán

AFRIKA UND VORDERER ORIENT

Ägypten
Djerba/ Südtunesien
Dubai
Israel
Jordanien
Kapstadt/ Wine Lands/ Garden Route
Kapverdische Inseln
Kenia
Marokko
Marrakesch
Namibia
Oman
Rotes Meer & Sinai
Südafrika
Tansania/Sansibar
Tunesien
Vereinigte Arabische Emirate

ASIEN

Bali/Lombok/ Gilis
Bangkok
China
Hongkong/Macau
Indien
Indien/Der Süden
Japan
Kambodscha
Ko Samui/ Ko Phangan
Krabi/ Ko Phi Phi/ Ko Lanta/ Ko Jum
Malaysia
Myanmar
Nepal
Peking
Philippinen
Phuket
Shanghai
Singapur
Sri Lanka
Thailand
Tokio
Vietnam

INDISCHER OZEAN UND PAZIFIK

Australien
Malediven
Mauritius
Neuseeland
Seychellen

Viele MARCO POLO Reiseführer gibt es auch als eBook – und es kommen ständig neue dazu!
Checken Sie das aktuelle Angebot einfach auf: www.marcopolo.de/e-books

REGISTER

In diesem Register sind alle in diesem Reiseführer erwähnten Orte, Sehenswürdigkeiten und Ausflugsziele aufgeführt. Gefettete Seitenzahlen verweisen auf den Haupteintrag.